"Para el mundo seremos algo, para DIOS somos el mundo"

ALAIN PUPO

Unlimited Used Auto Parts

(305) 681-1787

13125 Cairo Ln
Opa Loca, Fl 33054
Estados Unidos

Tenemos los mejores precios y la mas alta calidad en todas nuestras piezas.

LLAMA YA

Alain Pupo

Tu mejor Auto Parts

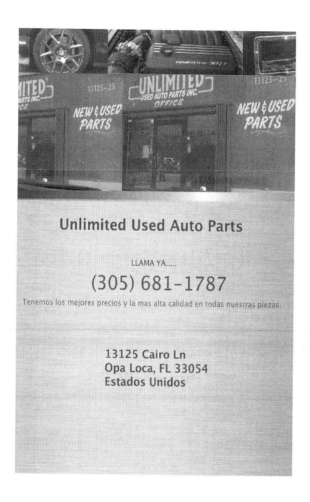

Unlimited Used Auto Parts

LLAMA YA.....
(305) 681–1787

Tenemos los mejores precios y la mas alta calidad en todas nuestras piezas.

13125 Cairo Ln
Opa Loca, FL 33054
Estados Unidos

CLARIVIDENTE

ESCRITOR

FILOSOFO

FILANTROPO

Y

MOTIVADOR

El Código

A II

Alain Pupo

¡QUE DIOS NOS BENDIGA A TODOS!

Alain Pupo

Este libro no es más que un sinnúmero de historias que han marcado mi vida a lo largo de ella, simplemente las he vivido, pero en cada una de ellas encontré un significado muy grande para este transitar por la tierra, y también una gran enseñanza.

Estas historias son de un gran contenido motivacional y espiritual, que los ayudará a entender el verdadero significado de la vida, pero me atrevería a decirles que les hará ver de manera única lo que nuestro DIOS espera de nosotros.

DIOS tiene una manera singular de dejarnos saber cuál es su plan, y casi siempre es a través de señales como olores, sabores, visiones, encuentros casuales, comentarios, o sea, un sinnúmeros de sucesos que si les prestamos atención, nos ayudarán a encontrar un significado a algo que estamos esperando.

ALAIN PUPO

"AMEN"

Alain Pupo

"Sin mas y estando muy seguro que les llegare al corazón de todos mis lectores, con estas historias, de la misma manera que ellas llegaron al mío".

Primera edición impresa, 2014

© Copyright 2015 vi Alain Pupo

Al light reservad

Alain Pupo

Edición, composición y diseño interior: Alain Pupo.

Diseño de portada y contraportada: Alain Pupo.

Foto de portada: Rolando de la Fuente.

Para información o adquirir el libro:

www.facebook/alainpupo

www.twitter/alainpupo

www.instagram/alainpupo

www.amazon.com

El Código A II

www.booksandbooks.com

www.barnesandnobles

"Para el mundo seremos algo, para DIOS somos el mundo"

"Pues para esto fuiste llamado, porque también Cristo padeció por nosotros dejándonos su ejemplo para que sigas sus pisadas".

(Muchas veces nos quejamos porque las cosas no nos están saliendo bien , y hasta maldecimos , y no nos damos cuenta que estamos echo a obra y semejanza de nuestro DIOS y no solo en cuerpo también en alma y esto significa que a veces debemos atravesar por situaciones que son dolorosas e injustas pero debes de recordar que nuestro DIOS también las paso, nunca olvides que el también fue traicionado , a el también lo humillaron , lo

empujaron , calumniaron, arrastraron , golpearon y crucificaron para hacerlo vivir el mas horrendo de los dolores, pero el tenia el amor en su corazón , y la fe segura de que resucitaría .

Y es eso lo que debes tener en este momento, la FE de que aunque estés atravesando por un dolor muy grande, resucitaras y una nueva oportunidad de vida llegara a tu existencia.

Por lo tanto te digo, sigue adelante sin perder el amor a la FE pues ella es el eslabón perdido que unirá la cadena que te sacara a flote).

"Da en este momento el primer paso para lograr tus sueños"

AGRADECIMIENTOS

En primer lugar y sin duda alguna a nuestro señor 'JESUS' por todo el sacrificio que hizo por nosotros entregando su vida para salvar la nuestra.

En segundo lugar y como siempre a mi linda abuela Aida Pupo por ser mi guía espiritual y gran compañía en este largo momento llamado vida.

A mis abuelos maternos por ayudar a mi madre en mi crianza y enseñarme a luchar por lo que quiero y también por estar presente siempre cuando mas los necesite.

A todos los seres de luz que desde su dimensión nos iluminan la nuestra.

A mi amada esposa y madre de mis tres hijas Nora Pupo por siempre estar a mi lado y ayudarme a lograr mis sueños.

A mis tres lindas hijas Kathryn (Chichi), Amanda (Pachí) y Victoria (Tuty) por hacer de mi vida el milagro del amor.

A mi madre Martha Díaz por su amor incondicional y por entregar toda su vida a cambio de que yo viviera la mía.

A mi hermana Laideliz Pupo, su pareja Sal Salguedo y mis sobrinos Tito e Itzel.

A mis amigos Danay González y Jesús Licuot por patrocinar este libro.

A mi amigo y asistente principal Ernie Pérez.

A mi cuñada Cecilia por su ayuda en mi cirugía.

Quiero agradecer a la tristeza ya que sin ella me fuera imposible conocer la alegría.

Alain Pupo

Agradezco a cada error que cometí ya que ellos fueron mis verdaderos maestros.

Quiero también agradecer a la vida y porque no también a la muerte ya que sin ella sufriríamos mucho.

Sin mas y deseándoles que disfruten este libro, puesto que en el puse todos mis sentimientos y creación.

ALAIN PUPO

ÍNDICE

ALAIN-------AMEN-------ABUELA

Capitulo I

MI PRIMER ROLEX

Desde muy niño siempre tuve una afición diríamos, un poco extraña, porque considero que cuando uno es un niño de la edad que yo estoy describiendo, que es aproximadamente entre 5 y 6 años y donde tal ves las aficiones que uno debe tener son los juguetes, aunque yo verdaderamente no fui un niño diferente y los juguetes me fascinaban , recuerdo haber tenido solamente un camioncito y dos o tres muñequitos que eran algo así como héroes parecidos a Superman o algo por el estilo pero que a veces pasaba largo tiempo al día jugando con ellos y aun los conservo, pero lo que si me llamaba mucho la atención desde esa edad eran los relojes, recuerdo que en aquella época en la Habana Cuba, se vivía bajo la total doctrina Soviética, todos los productos, hasta los mas básicos venían remarcados con la famosa etiqueta de: *"Echo en la URSS"* y les digo que desde los lápices de la escuela hasta las comidas y caramelos decían lo mismo, los relojes que habían eran sumamente feos, y de marcas rarísimas como; Poljox, Raqueta, Zarria y demás, estas son las marcas que voy recordando según escribo.

Un día y por obra del destino creado por DIOS, estaba jugando en el barrio y me encuentro una revista vieja, no se si era vieja, pero si muy maltratada, estaba enredada en las ramas de unos arboles que habían en el patio de mi casa, me llamó mucho la atención el colorido que reflejaba con la luz del sol y enseguida la recogí para ver de que se trataba, empiezo a ojearla y era una revista Soviética de nombre Sputnik la cual en aquel momento era muy solicitada, o mejor dicho, muy vendida en pequeños kioscos los cuales estaban localizados en diferentes sectores de la Ciudad de la Habana y en tales se vendían revistas, periódicos, fotos de artistas de moda y varias cosas de ámbito comercial, cuando abro esta revista y empiezo a ver estos supuestos adelantos del mundo Soviético, es cuando de repente descubro una critica muy fuerte a quienes ellos consideraban el imperialismo amenazante Yanqui.

La critica numero uno que vi en aquel momento, estaba dirigida a la venta en los Estados Unidos de relojes extremadamente caros, donde ellos mencionaban que era un despiadado derroche en una sociedad de consumo máximo.

Señalaban que era casi inaudito que algunos de estos relojes costaran entre $15.000 y $20.000 dólares; *al parecer ellos en aquel momento no sabían que existían otros que costaban muchísimo mas caros*; recuerdo que la foto que marcaba estas letras o anuncio, era la de un reloj Rolex Submarino. Cuando la vi quedó plasmada en mi mente hasta hoy, nunca olvidaré la atracción que sentí por aquella joya y esto no es con ínfulas de darle ninguna promoción a ninguna joyería y mucho menos a una marca de reloj, también créanme que no estoy ganando ni un centavo con este comercial.

Pero verdaderamente el reloj era algo fascinante al menos para este pequeño niño de 5 o 6 años y aficionado a los relojes, este Rolex tenia una esfera muy llamativa, era un azul muy fuerte pero fino y un aro por la parte de afuera sobre la esfera en los cuales tenían marcados unos números, que después supe eran para medir el tiempo que un buzo debería estar sumergido en el agua, teniendo en cuenta la capacidad de aire en su tanque de oxigeno; les cuento que otra de sus atracciones es que era de oro de 18 quilates macizo y su cristal era Zafiro irrayable, la manilla o pulsera estaba compuesta de un mineral sumamente costoso ya que era muy duro, hasta el punto de que no se podía romper, la mayoría de la materia prima con la que estaba fabricado este reloj era usada en equipos de la nasa. La belleza de este reloj era fascinante, ¡desde ese día!, yo recorté aquella foto y la puse bajo mi almohada y como siempre mirando al cielo, a ese DIOS que siempre me escucha, le deje saber que yo quería algún día adquirir un reloj igual a este, sin darme cuenta que era DIOS quien lo había puesto en mi camino y sobre todo en mis deseos; si era que de verdad existía y no era un invento mas de los Soviéticos y todo este sistema socialista inventado para cuatro o cinco personas.

Empiezo a trabajar en Cuba y de ahí como ya todos ustedes conocen viene la oportunidad de viajar a los Estados Unidos de América, llego a este maravilloso país y me doy cuenta que la mayoría de las cosas que intentaron introducirme en mis pensamientos eran falsas, también supe que la sociedad de consumo existía, pero que estaba en tus planes y en tu decisión consumir o no los productos que se ofrecían, pude ver que habían cosas para todos los salarios, para todos los precios, para todas las ganas y para todos los sueños, vi que efectivamente existían relojes Rolex los cuales llegaban a costar de $12.000 dólares a incluso millones, también pude ver que existían relojes muy buenos de otras marcas como Citizen Seiko, Buloba, Movado los cuales eran mucho mas accesibles y los

precios oscilaban entre los $150.00 a
$3000.00 dólares.

En los supermercados se podía ver por
ejemplo un pan cubano que costaba $0.50
centavos y un pan francés de $1.25, ese era el
Estados Unidos muy diferente al que me
habían tratado de enseñar.

La primera parada que hice al llegar a
este país fue en un Mac Donald y la
muchacha que me atendió era una morena
muy bella y amable, recuerdo mirar a mi papá
sorprendido y decirle:

*¿Viejo allá me decían que los negros en este
país eran sumamente discriminados?*

lógicamente yo veía que a los deportistas
como Michael Jordán eran unos triunfadores
y gozaban de un éxito rotundo, pero otros
como el cantante Michael Jackson que
siempre había tratado de ser blanco, daba a
entender que ser negro no era bueno.

Por eso yo tenia la duda de que en este país
tan bonito existiera ese racismo tan

despiadado o si era algo real.

Gracias a DIOS hoy tenemos un presidente negro y esa es la gran respuesta a mi inquietud; mi padre en aquel momento me sonrió y me dijo que todo eso era un cuento, que tal ves pudieran existir algunos racistas de negros como también pueden existir racismo entre blancos, esto empareja la cosa, no es tan grave como me contaban y así comienza mi llegada.

Muy pronto comienzo a trabajar en un hospital, ya esa parte de la historia muchos de ustedes la conocen, empiezo a prosperar y poco tiempo después ya contaba con una solvencia económica muy estable y prospera....

Recuerdo siempre que iba manejando el carro miraba esas vallas grandes que hay a la orilla de las carreteras, donde existen estas promociones gigantescas de algunos productos y me fascinaban las fotos monstruosas de los Rolex, porque de verdad era el reloj de mis sueños y yo me decía,

Alain Pupo

¡Algún día estarás en mi muñeca!

Y así trabajando siempre pensaba en algún día tener mi Rolex Submarino.

Llega el momento en el cual ya contaba con el dinero suficiente para comprar el Rolex y empecé entonces a mirar los precios, me di cuenta que efectivamente el Reloj que a mi me gustaba, costaba aproximadamente $20.000 dólares.

Fue en ese momento cuando empiezo dudar, a tener esa discusión entre el Alain de niño que siempre lo quiso y el Alain que venia de un país lleno de ataduras, el Alain con miedo, el que pensaba en un futuro que no es mas que este presente en el cual estoy ahora y de seguro permaneceré por el resto de mi vida, es esa lucha entre el si se puede y el no se puede, donde recuerdo que muchas veces me decía:

¡Hoy en cuanto salga de la oficina voy y me compro el Rolex!

Pero no, no lo hacia, siempre sucedía algo que al final se transformaba en una justificación cobarde, de no entender que de verdad, era DIOS quien había puesto ese deseo en mi corazón, el deseo de tener un reloj de esa belleza. Así paso el tiempo, pero un día cuando esas ganas de tener el reloj eran mas fuertes en mi corazón, llega una señora mayor a mi oficina, la cual en este momento en que me encuentro escribiendo este libro, ya falleció *(Que en paz descanse)* y me trae un problema que tenia con su hijo mayor, cuando digo mayor me refiero a que el tenia aproximadamente 47 años y nunca había tenido hijos ni tampoco había podido hacer una familia, este hombre siempre tenia problemas en el trabajo, el siguió tras sus sueños que eran de ser un gran contador, economista, un gran inversionista, pero los fracasos iban unos tras de otros, la madre estaba muy asustada con eso, después el tuvo un problema de salud muy grande y los médicos le dijeron que probablemente había que hacerle una operación y extirparle un riñón; fue en ese momento cuando la señora pidió cita conmigo, para que yo la ayudara a arreglar el camino de su hijo, después de atenderla por un largo rato recuerdo haberle dicho:

Señora, a partir de este momento voy a poner el nombre, la foto y la fecha de nacimiento de su hijo, donde descansan los restos de mi abuela y veremos que pasa.

También le dije que le iba a regalar un amuleto para ella y uno para su hijo, la señora se saca varias fotos conmigo y se retira muy contenta de mi oficina.

Aproximadamente unos 8 meses después, o tal ves cerca del año, mi asistente me da el calendario del siguiente día y noto que esta señora mayor había pedido cita nuevamente conmigo y nos veríamos a la siguiente mañana, recuerdo el día antes arrodillarme frente al cuadro milagroso de mi abuela y pedirle que las cosas estuvieran bien con esta pobre señora, que por favor no tuviera aun mas problemas de los que había traído hacia un tiempo atrás.

El Código A II

Llega el siguiente día y la señora desde que me ve me abraza y comienza a llorar diciéndome:

—¡Gracias Alain gracias, gracias a tu abuela, ustedes son muy milagrosos, dios los puso en esta tierra por algo, los puso para ayudarnos a todos nosotros, mi hijo a dado un cambio impresionante, no lo tuvieron que operar, el riñón ha empezado a funcionar mejor, estas cosas de los chequeos de los riñones es un conteo de números y empezaron a subir positivamente y el medico desistió de hacer la cirugía!

La señora estaba sumamente contenta y se sienta conmigo a charlar un rato, cuando termina de conversar y decirme lo que ella sentía, mirándome y con una sonrisa, un poco apenada me dice:

—¡Alain, yo quiero hacerte un regalo por lo que has hecho por mi y mi hijo!

Lógicamente algunas de las personas que van

a mi oficina, de una u otra manera me hacen
algunos regalos, pues se sienten agradecidos
conmigo y con mi abuela, a mi me da mucha
alegría, a quien no le gusta que le regalen
algo de ves en cuando y de repente la señora
me dice:

___ *¡Yo quiero regalarte $50.000 dólares!*

cuando la señora me dijo esa cifra me dio
como un poco de nervios, escalofríos, la miré
y simplemente le dije:

¡Ho DIOS mío!
¡Gracias!

Yo sabia que la señora era muy pudiente, me
lo había dicho desde la primera vez que
estuvo en mi oficina, pero nunca pensé que
ella me iba a regalar esa cantidad de dinero,
imagínense, $50.000 dólares de un solo golpe,
la señora mete su mano izquierda en la cartera
y comienza a buscar la chequera para
hacerme un cheque; de repente empieza a
pelear con ella misma y a decirse:

El Código A II

Que me ha pasado, yo no puedo creer que haya dejado la chequera en Los Ángeles California...

Yo la miraba y con una angustia terrible en el corazón me decía:

Por favor abuela, que no se le haya quedado la chequera, es que un regalo de $50.000 es algo impresionante, no me hagan esto, es como que a un niño le ponen un caramelo en la boca y después se lo quitan.

En ese momento la señora me dice:

Bueno Alain hijo, parece que hoy es el día que DIOS no quiere que te haga el cheque, aunque yo siempre ando con mi chequera, pero desafortunadamente se me quedó, no te preocupes que en cuanto llegue a mi ciudad yo te lo mando por correo o mejor dime si te puedo hacer un deposito o un transfer a tu cuenta.

¡Si seguro no hay problema! (le dije un poco triste)

Tomo un papel y escribo toda la información, la señora se retira y con ella mis $50,000 dólares.

___Pasado mañana tienes el dinero a primera hora en tu cuenta..._me dijo camino a la puerta.

¡Muchísimas gracias nuevamente!
La señora se retira y es cuando me paro frente al cuadro de mi vieja y le digo:

¡Gracias DIOS mío, gracias mi vieja, muchísimas gracias! _(Esto lo dije un poco molesto)_

y seguí hablándome adentro de mi corazón;

'_Con este dinero si no voy a tener mas miedo, porque este dinero no me lo esperaba, ahora si me voy a comprar mi Rolex en cuanto me llegue'._

Entonces llegó el lunes en la mañana y yo salí a trabajar, camino a la oficina mire mi cuenta bancaria y nada del anhelado deposito, a las 9:00am, nada, 10:00am, nada, 11:00am, nada, 12:00pm, 1:00pm , 2:00pm, 3:00pm, 4:00pm y así sucesivamente hasta que se terminó el día y el dinero no estaba en mi cuenta, bueno pensé, será mañana, de seguro se le olvido; así pasaron los días y esta señora no me depositó el dinero, yo me angustié pero todo en esta historia es una enseñanza.

Siempre escuchamos a nuestros abuelos cuando decían cosas como, *"cuando pasa el tren de las oportunidades hay que montarse, porque si se pasa es muy difícil que se repita"*.

Pensé en aquello y dije:

Bueno, este dinero no era para mi, mejor me olvido de este regalo y ojalá que todo siga bien, tal ves algún día la señora me viene a ver nuevamente, que sea lo que DIOS quiera para ella y para mi.

Y así avanza el tiempo y pasan semanas, nunca mas supe de ella, pero un día

Alain Pupo

voy saliendo de la oficina con mi maletín
hacia el carro y recuerdo sentir una fuerza
muy grande dentro de mi; entonces me dije:

¡Me voy a comprar el Rolex!

Me monté en el carro y pensé;

*Hoy es el día, me voy a comprar el
Reloj, si yo tengo el dinero para hacerlo,
porque e de esperar por el dinero de nadie,
tengo que dar el paso ya y quitarme este
miedo de encima.*

Uno siempre tiene como trabas y
miedos, las cuales en ocasiones nos impiden
dar el primer paso para lograr lo que uno
quiere.
Entonces dije en vos alta...¡DIOS!
(esto fue sentado en el auto)

*Mándame una señal, una sola de que ya debo
comprarme el Rolex que he querido desde
niño y te juro que camino a casa me lo
compro, ¡te prometo que me lo compro padre
mío celestial, ¡te prometo que me lo compro*

El Código A II

abuela!

En mi mente yo iba pensando:

ahora tu vas a ver que enseguida que me suba en la carretera la primera señal que voy a ver va a ser un cartel bien grande con una propaganda de un Rolex y esa va a ser la señal o seguro en alguna parada de buses, porque allí a veces también ponen fotos promocionando estas tiendas y estos tipos de productos...

Empecé a manejar rumbo a mi ciudad y nada pasaba, pero de repente se me atraviesa un camión de esos gigantescos, tuve que frenar de pronto para no impactarlo, me percato que era uno de esos buses grandes donde se dona sangre y había dibujada una jeringuilla, también el signo de la cruz roja y un cartel grande que decía:

"Hoy es el día , no lo pienses mas"

Fue impresionante, nunca voy a olvidar ese cartel, en ese momento sentí que mi corazón se me salía del pecho, me encontraba bajándome en la 107 ave y el 826 justo en la ciudad del Doral, en la esquina del International Mall, y el bus se bajó igual, yo iba detrás de el, entonces me dije:

No voy a defraudar mas a DIOS ni a mi Abuela, no mas miedo, me voy a comprar mi Reloj.....

Efectivamente, me dirigí al centro comercial, entré a la tienda, fui casi corriendo porque tenia miedo arrepentirme, temía que el miedo se apoderara de mi nuevamente y no me comprara el reloj, recuerdo que me dije;

Alain tienes que hacerlo ya es el momento

Así que entro a la tienda, veo a mi vendedor, porque yo ya había pasado por allí varias veces a ver los relojes que ya tenia confianza con todos los que allí trabajaban, el me ve e inmediatamente me dice:

¡Alain te veo una energía diferente hoy!

El Código A II

Yo me acerco a el y después de saludarlo le digo:

¡Es que hoy si vengo a comprar el Rolex, dame el que siempre veo, el Submarino!

tomo el reloj en mis manos, me lo pruebo, le doy la tarjeta de mi compañía para pagar y el hombre me dice el precio, eran casi $20.000 dólares con impuestos y todo, pasa la tarjeta y para sorpresa mía esta dio declined *(denegado)*, rápidamente recibo una alerta del banco a través de un mensaje de texto a mi teléfono, donde el banco me informaba que se estaba tratando de hacer una transacción de mas de $10.000 Dólares a mi cuenta; yo no sabia que ellos como medida de seguridad le habían puesto un limite de $10.000 a mis cuentas, para prevenir que alguien me hiciera fraude, tomo el teléfono y llamo al banco, hablo con mi oficial directamente y claro después de identificarme con mis datos personales, le digo que efectivamente, soy yo quien está haciendo esa transacción y que se me había olvidado que había un limite en mi cuenta, entonces le dije que solo por esta ves autorizaran esa transacción, pero que automáticamente después activara la restricción, me dijo que no había problemas y que ya podía pagar, cuelgo el teléfono y le doy nuevamente la tarjeta a mi vendedor que la pasa nuevamente y por fin me entregan mi Rolex, me recuerdo que me sientan en una mesa con el gerente de la tienda y este me mencionó que varias personas de la televisión también compraban allí, incluso me mencionaron algunos nombres el cual no revelare por respeto a la privacidad ajena, termino y me pongo el reloj en mi muñeca, también me dan su caja y todos los recibos de autenticidad. Salgo muy contento y feliz del Centro Comercial, pero todavía con ese pensamiento de: *he gastado una suma grande de dinero en algo que no era necesario*, pero bueno al final me di cuenta que por fin había cumplido mi sueño desde niño, llego a mi carro me subo en el y en ese momento siento el sonido de mi teléfono anunciándome que tenia un nuevo mensaje, enseguida lo miro y me doy cuenta de que era de mi banco, entonces me dije:

El Código A II

Eso de seguro es informándome de la transacción que había acabado de hacer en la tienda.

Abro el mensaje y me percato que este decía en letras verdes "DEPOSITO" y el numero $50.000, me quedé sin palabras por un momento, no sabia que decir o hacer, de momento vi a DIOS y a mi ABUELA frente a mi, se me aguaron los ojos, volví a mirar la cuenta y vi que justo un minuto después que yo ice la transacción de compra del Rolex, estaba entrando ese deposito a mi cuenta, los $50.000 que yo ya había dado por perdidos, fue impresionante, la enseñanza que me dio DIOS y mi ABUELA en esta historia, porque…

"Si tu quieres saber que planes tiene DIOS para ti, tienes que levantarte y enseñarle los tuyos"

y fue impresionante, cuando el vencer el miedo izo que el triunfo, las oportunidades, el milagro llegara con mas facilidad, en el momento en que DIOS vio que yo rompí la barrera del miedo, que yo me arriesgué, en el momento que el vio que yo di ese paso y puse todo en sus manos, contra ese terror que me aterraba a gastar una suma tan grande en algo que yo sentía innecesario pero que lo deseaba con todo mi corazón, en ese momento en que doy ese paso gigantesco, DIOS me demostró que el tiene el control absoluto, que es en su tiempo, que es a su forma, que lo único que tenemos que hacer es arriesgarnos con la gran fe de que el tiene el control y proveerá, esa es la magia que trato de transmitir en esta historia de como fue que compré mi primer Rolex, desde el fondo de mi corazón a todos y con la gran alegría, de una ves mas transmitir mi experiencia con los planes del creador, les dejo esta historia real.

¡Que DIOS me los bendiga siempre!

Zona de Reflexiones

Por Alain Pupo

"DIOS te demostrara que el tiene el control absoluto, que es en su tiempo y a su forma, que lo único que tenemos que hacer es arriesgarnos, con la gran fe de que el proveerá"

EN ESTE MOMENTO PIDELE A DIOS
QUE TE ILUMINE A TI Y A TODOS TUS
SERES QUERIDOS.

Capitulo II

EL BOTE DE MI AMIGO

Esta es una historia que me llamó mucho la atención desde que comencé a vivirla, por el simple hecho de que nunca pude entender que las personas viviendo, se quedaran siempre con ganas de vivir, por qué digo esto, porque tengo un amigo el cual no quiero mencionar su nombre, pero que desde que yo lo conocí, el siempre soñaba con tener un bote y créanme que yo conozco mucho a este amigo, porque lo conocí desde el primer día en que nací, mi amigo me llamaba Alancito y supuestamente me quería mucho, digo supuestamente, porque no tuve tal ves la visión para ver ese cariño, nunca lo sentí como yo quería y tal ves ese fue mi error.

Alain Pupo

Pero aquí les va la historia de el y su anhelado bote.

Cuando mi amigo empieza a crecer y se vuelve todo un hombre, soñaba siempre con estar en el mar sobre su bote y yo le preguntaba;

¿Que pasaba, por que no tenia su bote?, ¿por qué no se lo compraba?,

Y recuerdo las veces que me decía:

__El mes que viene, el mes que viene Alaincito...

Y pasaba el mes que viene y el bote se había hundido sin que el lo echara a la mar, eso me llamaba mucho la atención y un día me dije; *según mi amigo se valla poniendo viejo, se va a alejar mas de sus sueños de tener un bote*, pero como es mi amigo, yo voy a hacer lo posible por ayudarlo a que se compre ese bote, el que el tanto quiere, poco tiempo después mi amigo se compró una casa y me dijo:

El Código A II

___ ¡Alaincito me compre mi casa!

¡Que alegría me da!, pero debo hacerte una pregunta, ¿por que no te compraste el bote?

___ *Porque mi esposa me dice que no podemos tener un bote, que era mejor una casa… yo encontré muy lógica esa decisión, (eso creo)*

Sabes que, pienso que tu esposa tiene la razón, pero tal ves DIOS también tubo la razón en haberte puesto las ganas de tener ese bote en tu corazón, tu no sabes si el plan de DIOS es que tu teniendo tu bote y saliendo a alta mar, te encuentres un tesoro, ¡debes seguir tu deseo! ; desde que te conozco siempre has querido tener un bote, no te desvíes mas de tus sueños, porque vas a morir sin haberlo logrado…

___*Tu siempre con tus cosas, Alaincito.*

Un día otro amigo nuestro pero mas joven y con muchas menos posibilidades, pero también con unas ganas inmensas desde niño de tener un bote, se compra uno nuevecito de paquete, era un bote de no mas de 20 ft de largo, de verdad era como estar en un auto. El nos llama para invitarnos a todos a salir con el y compartir su gran alegría con nosotros.

Ese fin de semana salimos los tres con nuestras respectivas familias, mi amigo joven y dueño del bote con su esposa y dos hijos, mi amigo viejo con su esposa y yo con la mía y mis tres hijas, disfrutamos muchísimo, fue un sábado muy soleado y con un océano muy tranquilo, pero aquel amigo viejo que siempre soñó con tener un bote parecía un niño y lo digo en todo el esplendor de la palabra, yo diría un niño de 8 años, ya que creo es la edad mas linda para jugar, el lo tocaba, lo acariciaba, disfrutaba todo mientras nosotros nos tomábamos un trago, nos comíamos un quesito y conversábamos de la vida, este amigo viejo solo disfrutaba el bote y el mar, imagino que ese fue uno de los días mas lindos de toda su vida; al terminar el día llegamos a tierra y todo termino muy bien.

Pasada ya unas semanas me encuentro con este amigo viejo y todavía estaba hablando de nuestro viaje en el bote del amigo joven, entonces aprovechando ese momento le dije;

Cómprate el bote yo se que tu puedes, yo te conozco bien, tu tienes crédito, tienes el dinero, no lo dudes mas...

_____ *No tengo donde parquearlo Alaincito,*

Renta un parqueo en la marina, estuve chequeando en internet y los precios de pagos mensuales oscilaban entre $200.00 y $400.00 dólares y además tu bote no va a ser muy grande, pues tu no te vas a comprar un yate ni nada por el estilo...

Mi amigo se sonrió y me dijo;

___*!Yo creo que lo voy a hacer!*

Pasada una semana me entero que este amigo, había sacado un seguro de vida y muy alegre me dijo:

___ *Sabes que mi esposa y yo sacamos un seguro de vida para el día de nuestra muerte,*

Alain Pupo

no dejar a nuestros hijos desamparados…

Yo lo miré y lo primero que me pasó por la cabeza fue; *Que desamparado está este amigo mío.*

El tiempo pasó y ya yo tenia un dinerito guardadito para sorprender a este amigo viejo y decirle, vamos para que te compres el bote que yo te voy a pagar el dinero de entrada que eran aproximadamente como $8000.00 dólares.

Ilusionado llamo a mi amigo y lo invito a comer, salimos el con su esposa y yo con la mía, en medio de la cena me dice que estaba muy pero muy enfocado en comprar un terreno en un cementerio, para ahí depositar su osamenta el día en que se fuera con DIOS, *(porque es para ese hoyo para donde van los huesos, el espíritu va para el hoyo universal que conduce a los brazos de DIOS)*, mi amigo me dijo que el estaba enfocado en comprar ese espacio en el cementerio y que le quedaría un pago mensual como de $180.00 dólares o algo así, recuerdo que lo miré y le dije:

El Código A II

¿Hombre y el bote?,

Mi amigo me miró seriamente y me dijo;

___*Hay prioridades en la vida Alain…*

Ya no me dijo Alaincito se dieron de cuenta…

___*Hay prioridades en la vida Alain y uno tiene que saber cuales son…*

En ese momento sujeté los $8000.00 dólares que yo llevaba en mi bolsillo y me dije , es verdad yo tengo una esposa, tres hijas y mi madre que también esta bajo mi responsabilidad, esto no es mi prioridad, terminé de cenar con este amigo viejo y me fui con mi esposa a recoger a nuestras hijas.

Les cuento que hoy mi amigo murió, y desde hace algún tiempo su esposa pidió una cita para verse conmigo y así tener un contacto espiritual con el espíritu de su esposo, recuerdo que ella llegó a mi oficina y se veía muy demacrada, yo me concentré y puse todo mi esfuerzo para contactar al espíritu de mi amigo y no lo encontré, me concentré fuertemente, puse toda mi experiencia en esta consulta, le pedí a mi abuela con todo mi corazón que lo buscara, ya que el había sido un buen hombre y su esposa era una buena mujer pero con una mente muy chiquita también, recuerdo haber estado 10 o 15 minutos tratando de contactar el espíritu de mi amigo sin éxito alguno, mi abuela se me acercó y con vos pausada y cansada me dijo:

Alain mi niño, no te esfuerces mas que no lo vas a encontrar, porque tu amigo….

(Quiero aclarar que las palabras que mi abuela me decía yo se las transmitía de la misma forma a la esposa de mi amigo y ahora que ustedes están leyendo esta parte de la historia, quiero que vean en sus mentes lo que yo le estoy diciendo a esta señora que está sentada frente a mi)

Mi abuela me dijo nuevamente;

Alain no lo busques mas, no te esfuerces mas en sentirlo, porque tu amigo, no esta en el cielo,

Entonces la señora exclamó…

__*¡Pero como que no está en el cielo si allí esta su madre, allí esta su padre, también está un hijo que perdimos, el tiene que estar allí!*

A lo que mi abuela respondió sobresaltada:

Dile a esa señora que ahora perdió el control, que ahora no le puede decir mas a el donde debe estar o que debe hacer y que sepa que el no está en el cielo, porque el, "**El está en el mar**"…

___ *¿En el mar?* exclamó ella…

A lo que mi abuela con una sonrisa le respondió;

¡En su bote!, en el que siempre soñó, tanto se lo pidió a DIOS, pero sin la FE valiente de dar un primer paso, que por eso DIOS lo complació y se lo llevo con el, pasó toda su

vida pidiéndole a DIOS un bote y este mil veces se lo puso en el camino, no dio el paso para obtenerlo y que hiso el creador?, se lo llevó con el para que tuviera la libertad de andar encima del bote que el quisiera, por eso te digo Alain que hoy a este amigo, no lo busquen mas en el cielo y saben porque?

¡Porque el al fin, vive en el mar!

Espero que todos hayan entendido esta historia, el mensaje divino, de que lo que DIOS pone en nuestros corazones, es lo que el sabe nos pertenece en nuestras vidas, DIOS fue quien nos creó a nosotros, y es quien creó todo lo que existe a nuestro alrededor, el sabe como mover las fichas y como hacer que cada persona tenga lo que cada uno desee tener, les digo algo, no sigan perdiendo el tiempo creando prioridades que lo único que hacen es alejarlos de la verdadera prioridad que es, la de lograr sus sueños y ser felices.

¡Que dios me los bendiga!

"Amen"

Zona de Reflexiones

Por Alain Pupo

*"Lo que DIOS pone en nuestros corazones, es
lo que el sabe pertenece a nuestras vidas,
todo lo que tienes que hacer es no dejar que
el miedo te saque de ese plan divino"*

Capitulo III

EL GRAN EVENTO

Recuerdo estar en un evento de la televisión
como invitado hace muchos años atrás y no
poder contar ni siquiera con un carro para ir a
ese evento, es mas, muchas de las personas
que lean esta historia se darán cuenta de que
evento estoy hablando, de que día en
especifico me refiero, fue un evento que se
realiza en el mundo televisivo y lo titulan con
el nombre de Natpe.

Este evento se realiza en el gran hotel
Fontainbleau de Miami Beach, ese día la
invitación me llega por un productor
ejecutivo, que se había visto en una consulta
conmigo hacia ya muchos años y el tenia el

sueño de que yo algún día estuviera en la
televisión, pero yo en aquel momento de
verdad me negaba, ya que sentía que tener un
programa en la televisión no era nada
llamativo, ni aportaría a la labor que yo
estaba haciendo con tantas personas que me
buscaban diariamente, no necesitaba tanta
popularidad ni tanto alarde, pero este
productor al fin me convence de que lo
acompañe a este evento que gracias a DIOS
quedaba a unas cuadras del edificio donde yo
vivía en la playa, pero no crean que vivía en
la playa por lujo, no para nada, vivía allí
porque gracias a unas amistades había podido
conseguir un apartamento a muy buen precio,
pero en aquel momento en el que recibí la
invitación para esta actividad, no tenia ni
siquiera un carro para ir, pero nadie lo sabia y
simplemente yo quise mantenerlo así,
recuerdo la tarde del evento tuve que salir
caminando por toda la avenida Collins con
unos zapatos, se imaginaran de vestir, duros e
incomodos como para caminar cuadras y
cuadras, el saco lo llevaba colgado de mi
mano, de verdad no era un traje como para
ese tipo de encuentro, el momento en que

llegué al hotel un poco sudado, este amigo mío me estaba esperando y fue entonces cuando me presenta a varias personas del medio, yo a decir verdad de tanto caminar había llegado hasta con hambre, y justo uno de los amigos de este productor nos invita a almorzar:

___*¡Bueno vamos a almorzar!*

Fuimos a un restaurante de sushi muy lujoso que está localizado en una de las áreas de este fascinante hotel, recuerdo que yo simplemente me decía:

DIOS mío, ojalá, no tengamos que dividir la cuenta porque de ser así me tocaría pararme y decir que se me había quedado la billetera…

Porque yo realmente no tenia dinero y créanme que no estoy exagerando, ni para un sándwich, esa era la verdad. En esa mesa mi amigo maneja la conversación de una manera magistral, y nos conduce sin darnos cuenta a una consulta espiritual, es decir, mi amigo empieza a decir quien era yo, que era lo que hacia y para cuando me vine a dar cuenta ya tenia a este hombre llorando frente a mi de la emoción, por todo lo que yo descuidadamente, inofensivamente le estaba diciendo, empecé a hablarle de su pasado de su presente de su futuro, empecé a hablarle de espíritus que lo acompañaban y el hombre quedó sin palabras, impactado; recuerdo haber terminado el almuerzo y este hombre haber dejado toda su comida intacta, se levanto me tomo de la mano y me dijo:

___*Acompáñame Alain, tengo que presentarte a fulano de tal,*

Me lleva a un kiosco, para que tengan idea, este lugar es como un reguero de kioscos por todo el hotel, donde las compañías televisivas y todos los canales que ya ustedes conocen venden sus programas en ese evento, venden el producto que ellos llevan a nuevas temporadas, y para nueva programación, entonces me empiezan a presentar a muchas personas y uno de ellos me dice:

El Código A II

___Alain, vamos a crear una situación; como que ya tenemos tu programa y lo vamos a vender y como tu ya estas aquí, vamos a decir lo que tu haces para que todos puedan sentir lo que yo sentí hace un rato._

Pónganse en mi lugar, estoy entre tanta disyuntiva, tanta gente importante y glamurosa del mundo del espectáculo, estaba un poco nervioso, yo aun no pertenecía a ese mundo y estaba aturdido, simplemente hago un gesto que si con la cabeza, me paran en un lugar de esos donde todos podían verme y empiezan a hablar de mi, se para una persona y empiezo a decirle algo, después a otra y a otra y así sucesivamente, este evento duraba tres días y de esa manera se va el primero, todo el mundo hablando de mi , me voy como a las 7:00pm a mi casa había una fiesta como a las 9:00pm pero yo ya no podía mas, a mi me aturden los ruidos, y decidí salir caminando nuevamente hasta mi hogar donde ya me esperaban mi esposa y mis niñas y en este caso me fui por la arena a la orilla del mar, me quite los zapatos y camine hasta llegar a la parte de atrás de mi edificio, entre y atravesando toda el área de la piscina y el gimnasio, encontré los elevadores, subí en uno rumbo a mi apartamento ubicado en el 14 piso, al abrir la puerta y entrar, mis hijas salieron corriendo a recibirme, les di un beso y les comente que estaba muy cansado y con hambre, *(porque en la comida si nadie me invitó a comer),* me dirigí directo a la cocina, comí algo y me acosté a dormir.

Efectivamente al otro día a las 12:00pm había quedado en verme con estas personas allí en el hotel.

Salgo caminando igual que el día anterior y cuando llego al hotel veo mucha gente en el lobby y eso si me llamo la atención porque aun era muy temprano, voy entrando y digo:

"Wow parece que hoy si la cosa esta caliente"

Y al llegar al lugar que había preparado para mi en el lobby, me encuentro con que había una línea impresionante de personas para verse conmigo, estaba medio hotel en línea, una línea de personas comunes que estaban

de curiosos porque habían escuchado hablar
de mi y otra línea de productores,
camarógrafos, ejecutivos, directores, en fin de
todo lo que pudieras encontrar en la
producción de un programa de televisión,
estaban en línea para verse conmigo, en ese
momento uno de los ejecutivos me dice:

_¡Eres la figura mas importante y mas
relevante de este evento Alain, todos quieren
verte!_

Recuerdo sentir la vos de mi abuela que me
decía;

_Mijo, recuerda que las riquezas no van por
fuera la riqueza esta adentro y tu eres muy
rico, no te intimides por el glamour ni por
nada que estas personas te puedan estar
ofreciendo visualmente, ellos te necesitan a ti,
ellos necesitan escuchar lo que sus seres y
DIOS les quieren decir…_

Recuerdo que empecé a atender a aquellas
personas y de repente viene uno de los mas

altos directivos del hotel, llega donde yo estaba y comenta que ya se había enterado de lo que estaba sucediendo, que ya sabia quien era Alain el Clarividente y Filosofo, se presenta conmigo y con el productor que era el dueño del kiosco; en ese momento el pide reunirse con nosotros y me pide que lo acompañe a su oficina, cuando llegué me percaté que era un lugar extremadamente impresionante, lleno de lujos y comodidades, desde su escritorio se podía ver todo el océano, inmediatamente me ofrecieron algo de tomar y de verdad la atención fue de primera;

(Es decir quiero que entiendan esto, yo no tenia ni un centavo, pero ya DIOS me había puesto en el camino lo que el quería para mi, entonces yo en mi mente no tenia nada, pero DIOS en la suya ya a mi me sobraba todo, yo era la persona mas llamativa de aquel evento, era la persona mas solicitada en aquel lugar, si hubiera ido cualquier figura publica, cualquier cantante, no hubiera hecho lo que yo hice en aquel lugar, aun sin tener dinero, ni un buen traje para estar allí entre esa gente, sin embargo era la persona mas diría

yo, discutida en aquel lujoso hotel).

Recuerdo cayendo la tarde, se me acerca una de las personas que estaban en línea para verse conmigo y me dice:

__¡Alain yo e escuchado mucho sobre ti!

Y yo en mi mente me preguntaba, ¿como será que esta persona ha escuchado sobre mi? si yo siempre e hecho mi carrera como una persona normal, en silencio, es mas, nunca había estado en nada de la televisión, pero bueno, me repitió:

__¡Yo e escuchado mucho de ti y me da mucha alegría tu éxito!

Y yo por dentro de mi me seguía preguntándome, ¿pero de que fama ni de que éxito habla esta persona? y el seguía diciendo:

__¡Me alegra mucho tus éxitos y que seas una persona que te mantengas tan humilde!

Y yo seguía diciéndome, pero de que me está hablando esta persona, si yo no tengo nada, por lo menos nada material, me di cuenta que lo que pasaba es que;

" Las personas me habían puesto ya en el lugar que DIOS tenia para mi, ellos ya habían visto el plan de DIOS en mi vida y yo todavía no lo había visto" .

¿Que hice entonces?

Me dejé llevar, me dejé llevar porque creo en DIOS en la buenas y creo en DIOS en las malas, creo en DIOS cuando me da y creo en DIOS cuando me quita.

Entonces seguí siendo la figura principal del evento de mi vida… ¡Recuerden esto amigos!

No se dejen guiar única y exclusivamente por lo que ustedes ven, o por lo que sienten, por lo que miran o por lo que escuchan, mejor déjense guiar por lo que DIOS siente, por lo que DIOS mira, y por lo que DIOS escucha, déjate guiar por el plan de DIOS, y avanza

hacia el sueño que el tiene para ti, que te
aseguro de todo corazón es mucho mejor que
el tuyo.

¡Que dios me los bendiga siempre!

Zona de Reflexiones

Por Alain Pupo

"Cuando las cosas están bien difíciles y no entendamos porque están pasando, es cuando debemos entender que vamos por el camino correcto"

El Código A II

Capitulo IV

EN EL BAR SE ME VA LA VIDA

Esta historia me llamo mucho la atención por tratarse de una pareja de amigos de mi esposa, que teniéndolo todo no disfrutaban nada, este amigo de mi esposa es un hombre que ha luchado mucho en este país desde que llegó, siempre ha estado enfocado en salir adelante, es un tipo duro, es un guerrero de la vida y reconozco que el hombre ha mantenido unida a su familia y eso tiene un gran merito.

Siempre ha luchado por su bienestar, pero ya se está poniendo viejo y un día me dio una respuesta que me llamo mucho la atención y es por eso que aquí se la cuento…

Yo lo veía a el una ves cada 2 o 3 años, y este día en el cual trata esta historia, fue una ves que el nos llama por teléfono y nos informa que va a estar rentado en un hotel en la florida, por el área de Naples y que le gustaría que nosotros fuéramos a compartir con el, ya que le habían dado una habitación amplia y para el seria un honor y una alegría muy grande tenernos a mi y a mi esposa que es como su sobrina junto a nuestras hijas allí con ellos, sin mas esta decirle que aceptamos enseguida con mucha felicidad, planificamos todo y ese fin de semana fuimos a encontrarnos con el gran amigo de nombre Manuel y su dulce esposa llamada Ana Carolina, que venían desde el norte del país; llegamos al hotel y fue cuando notamos algo que nos llamo la atención.

Antes de seguir aquí con la historia permítanme explicarles algo:

'*Manuel había planificado estas vacaciones como por 2 o 3 años y el nos invito con mucha alegría, nos dice que el hotel está muy*

bueno y que lo consiguió por unas vacaciones
de tiempo compartido que el compro, el hotel
no era para mi entender un buen lugar, pues
se veían muchas personas fumando y
bebiendo afuera de las habitaciones y eso no
esta bien para los niños ni para nadie y
también es algo a lo que uno no está
habituado, recuerdo ver a las empleadas
gritando y cuchichiando por los pasillos y los
carritos que tenían para subir las maletas
eran como los de los súper mercados, esto es
muy real y no estoy exagerando en nada, así
lo vieron mis ojos y de la misma manera se
los cuento a ustedes mis lectores'.

Cuando llegamos yo recuerdo que le dije a mi
esposa que lo mas seguro era que a Manuel lo
habían engañado, ustedes saben como son
estas cosas que te ofrecen esto y aquello, lo
ponen todo en papel y con promociones muy
bonitas y al final nada es como te dijeron que
seria, por ejemplo: Te dan buenos precios y
en las promociones los fotógrafos sacan unas
fotos increíbles tratando de causar una súper
impresión indescriptible en las personas, las
cuales en ocasiones han sido de una forma o

de otra engañadas y manipuladas, con
promociones en las que uno cree una cosa y
resulta ser otra; bueno cuando llegamos al
hotel el amigo Manuel nos recibe con mucho
cariño y felicidad, pusimos las maletas donde
el nos dijo, nos acomodamos y descansamos
un poco, estábamos conversando cuando de
repente el nos empieza a hablar de lo bueno
estaba el hotel, nosotros de verdad estábamos
casi sin palabras, teníamos como un poco de
temor de estar en ese mal ambiente, que mi
esposa y yo podíamos percibir claramente,
bajamos todos hacia la playa y nos dimos
cuenta que hasta ese momento ellos no tenían
nada como para uno darse un traguito frio,
para un ambiente tan caluroso como es la
playa, una cervecita, un coctelito o algo por el
estilo, le preguntamos y el dice que no, que el
no había comprado nada pero que íbamos a
planificar para ir a buscar algo a la bodega, yo
le dije que la tienda mas cercana que vi en el
camino estaba como a 20 minutos de allí,
pero que había visto un bar en el hotel de al
lado y que parecía tener muy buen ambiente,
entonces les propuse que fuésemos y nos
sentáramos a disfrutar un rato y mis hijas

podrían bañarse en la piscina situada justo al lado del bar, recuerdo que cuando mencioné la palabra bar, Manuel abrió los ojos como si yo hubiese mencionado al mismísimo diablo, y su respuesta sin pensar fue:

____ *¡Al bar! ni loco, en el bar se nos va la vida!*

Yo me quede pensativo un momento y le dije;

¿Como es eso que se nos va la vida, pasa algo en ese bar, te está haciendo daño el alcohol?

____*No, no, lo que pasa es que de seguro ese bar es muy caro….*

En ese momento me quede sin palabras, estático, sin respuestas a ese comentario tan mezquino y falta de fe de aquel hombre que yo sabia DIOS le había dado de todo, entonces lo miré y le dije:

Amigo Manuel, la vida se te está yendo vayas o no vayas al bar, lo que interesa no es

*que se vaya, lo que verdaderamente importa
es de que manera se va y dándome esa
respuesta me dejas ver muy claramente que
se te esta yendo de una manera muy triste,
muy miserable y con la misma miseria que
estas tratando a DIOS, será de la forma que
regresaras a una nueva vida; porque si DIOS
permitió que tu planificaras tus vacaciones, si
también permitió que tu estuvieras aquí, si
permitió que tu familia estuviera contigo, es
para que disfrutes, es para que sonrías, es
para que hagas lo que te de la gana, ese es el
plan que DIOS ha tenido para nosotros en
este día, no es como si estuvieras en una
fiesta llorando como en una funeraria, de la
misma manera que no se puede estar en una
funeraria riendo como si estuvieras en una
fiesta, a no ser, que quien este allí sea una
persona tan mala como Osama Bien Laden.*

Amigos lo que les quiero decir a ustedes por
medio de esta historia, es que si DIOS les
está dando dinero gástenlo, si están
recibiendo bendiciones no pidan limosnas, si
están gozando de salud no vivan como
enfermos, si están teniendo agua no mueran

de sed, si están recibiendo amor no mueran de ego y si están recibiendo a DIOS, no mueran sin el.

¡Que dios me los bendiga siempre!

Zona de Reflexiones

Por Alain Pupo

"Las bendiciones de DIOS son para disfrutarlas y tenerle devoción al dinero es vivir en la pobreza"

EN ESTA HOJA ESCRIBE 5 DESEOS QUE LE QUIERAS PEDIR A DIOS.

1_____

2_____

3_____

4_____

5_____

PIDO A DIOS PARA QUE TUS DESEOS TE SEAN CONCEDIDOS.

AMEN

Alain Pupo

PROFESIONALISMO

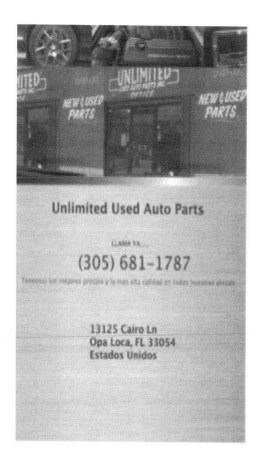

RESPETO

Unlimited Used Auto Parts

(305) 681-1787

13125 Cairo Ln
Opa Loca, Fl 33054
Estados Unidos

Tenemos los mejores precios y la mas alta calidad en todas nuestras piezas.

Capitulo V

EL VINO DE MIL DOLARES

En una tarde soleada de Miami, salgo a caminar como casi siempre acostumbro si tengo el tiempo, porque aunque me vean así gordito, soy muy atlético y me gusta muchísimo el deporte.

Eran como las 3:00pm cuando me pongo mi ropa deportiva, mi celular en la cintura, y mis audífonos, *(Estos audífonos Apple que se introducen en la orejita y el cablecito que va al teléfono queda dando tumbo de un lado al otro)*, pero yo como siempre iba caminando y escuchando mi música relajado, aunque a veces voy grabando sobre mis libros, las

81

historias las hago de esta manera, voy caminando y voy hablando, es que la inspiración llega muy bien de esa manera.

"Les recomiendo a cualquiera de ustedes que quiera o tenga el sueño de escribir un libro, que salga a caminar y valla grabando todo lo que le llega a la mente y después muy tranquilamente lo valla escuchando y escribiendo para que vea que todo coge su orden y el libro se va formando poco a poco, se los aseguro".

Regresando a la historia;

Esa tarde en el momento en que salgo a caminar, ya listo calentando motores, suena el teléfono y era mi amigo José, quien me dice:

___ *¡Como estas Pupo!* (Es algunos de mis amigos de la infancia me llaman Pupo en ves de Alain)

Bien José ¿y tu como andas?...

___ *Bien y te tengo una noticia, sabes que me acaban de invitar unos amigos a*

*tomarnos una botella de vino de mil
dólares…*

¡De mil dólares!

A decir verdad yo no le encontré
sentido a aquella llamada, no sabia por qué
José me tenia que llamar para decirme que lo
habían invitado a tomarse una botella de vino
tan costosa, no le encontré sentido alguno,
pero así y todo seguí la conversación para ver
por que DIOS había hecho que el me llamara:

*Oye José que alegría me da eso, espero
que ya que me llamaste a mi el primer trago
te lo des en mi nombre, porque la verdad es
que no se a que puede saber un vino de mil
dólares, porque si ya el de catorce dólares es
muy rico, el de mil dólares debe ser algo
impresionante, así que nada, brinda por mi…*

Yo sigo caminando y el me dice:

*__ Ya estoy montándome en el carro y
saliendo para la casa de mi amigo…*

El Código A II

Bueno colgamos el teléfono y yo sigo
con mi caminata, el barrio donde vivo es un
poco boscoso y caminar entre esos arboles tan
viejos pero bellos me despejan mucho.
Unos diez minutos después suena
nuevamente el teléfono y me percato que era
mi amigo José;

___ *!Pupo!*

Yo ya estaba sofocado pues me
encontraba caminando hacia ya un buen rato,
como les dije soy gordito y un gordito cuando
camina está concentrado en la caminata, no
puede estar haciendo varias cosas al mismo
tiempo, esa es la verdad, ya mi carácter estaba
cambiando con mi amigo:

___ *Mira te llamo porque mi amigo*!

¿Que amigo José?

___ Mi amigo el del vino de mil
dólares...

Si ya me acuerdo, ¿no me digas que te

embarcó?

__No de ninguna manera, me acaba de mandar una foto de la botella de vino y te la acabo de reenviar a ti ¿la recibiste?

José yo la verdad tengo el teléfono en el bolsillo, estoy caminando, sudando,

__!Mírala, mírala!

Entonces agarro mi teléfono y ya saben que estos teléfonos inteligentes modernos tu puedes hablar y al mismo tiempo leer los mensajes que llegan, abro el mensaje y me sale la famosa botella de vino de mil dólares;

Es muy bonita la botella pero les digo a ustedes amigos lectores es una botella de vino al fin... entonces le digo a José;

¡Es lindísima, impresionante el sello que tiene!

No le pude decir mas nada, el quería que yo le dijera como si estuviera frente a un cuadro de Picasso pero yo no podía.

__Bueno esta bien, te dejo

Yo sigo caminando y pensando, que seguía sin encontrarle sentido a esta llamada, por que este amigo mío, estaba llama que te llama para lo del vino, sigo caminando y como a los diez minutos, suena el teléfono y ¿nuevamente adivinen quien era? Si el mismo que están pensando, mi amigo José;

__¡Pupo!

¿Dime José?

__!La tengo en la mano!

¿Que tienes en la mano José?

__¡Pupo, la botella de vino de mil dólares!

Dale un beso y salúdamela de mi parte...

Alain Pupo

___*Pupo si ves que linda es, está fría y es negrita...*

José, estoy caminando hermano, tomate la botella de vino ya, ok chao...

Se despide de mi con un grito de alegría, ya me quedaban como diez minutos para regresarme cuando suena el teléfono y nuevamente era mi gran amigo José que me dice:

___*Pupo, ¡me acabo de dar el primer trago de vino!*

¿Y que tal como prueba?

___*!Delicioso, lo mejor que e probado en mi vida!*

Me alegro mucho disfrútalo José, brinda por mi pero ya no me llames mas que estoy caminando la ultima milla...

(Es una pena que lo mejor que mi amigo allá probado en su vida sea unos

*tragos de vino de una botella de mil dólares,
será que nunca recibió besos de su madre,
será que sus hijos no lo abrasaron nunca, no
habrá besado a una mujer, o simplemente
nunca se habrá tomado un cafecito de $0.50
centavos con su abuela……Que pena y
lastima me dan las personas que no entienden
el verdadero valor de las cosas).*

Cuelgo el teléfono y pienso, bueno,
pero que aburrido tiene que estar mi amigo
José cuando tiene una botella de vino de mil
dólares en sus manos con otros amigos y lo
único que hace es llamarme y llamarme,
pareciera que aunque la botella de vino
costará mil dólares por allá no hay un buen
ambiente, porque con una botella de vino de
mil dólares yo no tengo que llamar a nadie
para describírsela, mejor la disfruto con quien
me invito y punto.

En ese momento regreso a mi casa
cansado, me siento en el sofá, me ponga a
escuchar una música clásica y me quedo
dormido, en ese momento mi abuelita se me
aparece en el sueño, se sienta a mi lado y me

Alain Pupo

dice:

___ *Alain hace unos días, hace unos días no, hoy en la mañana, cuando te levantaste y estabas haciéndote el desayuno, encendiste el televisor como haces cada mañana y pude ver que te llamó la atención y te dolió muchísimo una noticia en particular, donde pusieron que estas bestias del medio Oriente, los Isis del estado Islámico, estaban quemando vivo a una persona, el mundo entero vio ese video donde meten a este muchacho joven dentro de una jaula de metal, y hacen como un camino de gasolina y lo encienden, se ve como el fuego viene hacia el lentamente, mientras daba gritos de terror, en el momento en que el fuego entra en la jaula quitan el video, pero se escuchan claramente los gritos de dolor de ese muchacho quemándose en vida, entonces vi como sufriste con esa imagen...*

Yo en mis sueños le decía:

Abuela, es que es algo inhumano, algo irracional que seres humanos hagan eso en el

El Código A II

siglo 21

*ella me pasa la mano tiernamente por
la cabeza y me dice:*

*__Pero también te vi horas después,
que saliste a caminar, como te molestaste un
poco con las llamadas de tu amigo José, para
decirte lo del vino de mil dólares,*

*Es cierto abuela ¿tu lo vistes, estabas
al lado mío, lo sentiste? era llama que te
llama…*

*__Porque el valor no estaba en el vino
de mil dólares Alain, eso no importa mijo, es
una estupidez pensar así, no importa cuanto
cueste el vino y por eso te voy a poner un
ejemplo:*

*__Si al muchacho que viste en las
noticias de la mañana, ese al que quemaron
vivo, si en el momento en que el esta
encerrado en la jaula y el camino de fuego va
encendido hacia el, si en esos momentos
antes de que el fuego llegase a quemarlo,*

alguien le pone una mesita con una buena copa y una botella de vino de mil dólares, tu crees que el iba a disfrutar algo, créeme que el iba a intentar apagar el fuego con ese vino.

Yo verdaderamente estaba en silencio absoluto...

__Si a ese muchacho lo sacan de la jaula antes de que el fuego llegue y lo ponen en un basurero o un cementerio, en los lugares mas feos y baratos que tu te puedas imaginar, pero lo ponen con una botella de vino de cinco dólares, ¿que tu crees que pasaría?

¡La hubiera disfrutado infinitamente!

__Entonces te das cuenta que no es el valor del vino lo que cuenta, es el valor del lugar, del momento, con quien estés, eso es lo que importa; Alain, no dejes que nadie le ponga valor a tus cosas, a tus sueños, a tus deseos, tus anhelos, a tus ganas, a tus sentimientos, a tu amor, nadie Alain.

El Código A II

Y ese es mi mensaje para todos ustedes amigos, el verdadero valor esta en la pasión, esta en el momento, esta en el disfrutar.

No está en cuanto cuesta ni cuanto vale, ni donde lo compraste.

¡Que dios los bendiga!

Zona de Reflexiones

Por Alain Pupo

*"Las cosas que verdaderamente tienen valor,
no se pueden comprar con dinero"*

PARA CONSULTAS CON

ALAIN PUPO

LLAMA AL
(305) 343-5456

TAMBIEN
VISITA SU FACEBOOK
ALAIN PUPO
Y
DEJA UN MENSAJE PRIVADO.

Capitulo VI

LOS ESPIRITUS NO LLORAN

Esta historia me llama mucho la atención, recuerdo que después de tantas y tantas consultas espirituales a lo largo de mi vida, me di cuenta, que los espíritus eran mucho mas alegres que las personas vivas, es decir, yo veía como los hijos por ejemplo, que habían perdido a sus padres, venían a mi consulta y en el momento de lograr ese contacto con ellos se echaban a llorar, mas sin embargo, el espíritu de estas personas que se presentaban estaban muy alegres, no estaban tan tristes y si lloraban lo hacían de la emoción, de la alegría y me fue llamando eso la atención, como yo veía que los espíritus eran mas alegres que las personas comunes y corrientes, un día le pregunté a mi abuela que significaba esto, que porqué los espíritus estaban siempre como mas contentos y por el contrario los seres humanos enseguida que escuchaban el nombre de un ser querido rompíamos a llorar.

Sin embargo ya yo me daba cuenta que estos familiares que habían partido estaban como mas alegres, yo no les sentía ese sentimiento de arraigamiento ni nada por el estilo, recuerdo que cuando le ice esa pregunta a mi abuela, ella se quedó pues como en silencio, ella no me respondió nada.

Yo pensé que eso lo aprendería solo, que nunca llegaría la respuesta o simplemente mi abuela me respondería en el momento mas indicado.

Una vez estaba disfrutando unas vacaciones muy lindas, como trato de hacer lo mas que puedo cuando tengo un tiempo libre, me voy hacia estos parques que están en Orlando Florida, estos parques que tanto a los niños como a los adultos les fascinan mucho,

como son Universal Estudio y Disney World,
yo siempre elijo Universal ya que al igual que
a mi familia tenemos mas inclinación por ese
parque en especifico, recuerdo que después
de habernos pasado casi tres días en el
estábamos bien cansados y ya de regreso a
casa era mi esposa quien venia manejando,
cuando yo me quedo dormido a su lado, en
ese momento comienzo a soñar con mi abuela
y ella me dice:

__*Alain recuerdas el día que me preguntaste
por que los espíritus no están tan tristes como
sus seres queridos en la tierra?*

*Si claro abuela como no me voy a acordar si
todavía siento esa duda...*

__*Pues llegó el momento de darte la
respuesta y te la voy a dar con un ejemplo
muy sencillo, aprovechando lo que acabas de
hacer en este lugar donde estabas con tu
familia y pude ver lo mucho que se divirtieron
y en el cual ya acaban de terminar y van de
regreso a casa...*

El Código A II

¿Bueno abuela y que tiene que ver el parque con eso?

__El ejemplo que te voy a poner es el siguiente:
Si a todos los niños del mundo le informaran que a la hora de su muerte, ellos iban a ir para estos parques como donde tu acabas de estar, ¿Que tu crees que responderían todos estos niños?

¡Sin dudas todos quisieran morirse abuela!…

__Eso mismo es lo que les pasa a los seres humanos cuando mueren y se convierten en espíritus, cuando llegan al cielo y se dan cuenta que este existe, es como cuando al niño le hacen la pregunta de que si se mueren quisieran ir para los parques de Universal Estudios, es decir Alain, cuando los seres humanos llegan al cielo, o sea cuando mueren y el espíritu de ellos se eleva hasta el cielo y se dan cuenta que este existe y que allí no hay dolor, no hay sufrimiento, no hay odio, no hay rencor, no hay *enfermedades, no hay traición, no existe la envidia, cuando ellos ven que allí desaparecen las banderas y que en el momento en que arrancas una manzana de un árbol automáticamente renace otra y se dan cuenta que el cielo es la casa de DIOS, quien no va a estar alegre mijo, si ellos saben ya para donde van a ir todos sus seres queridos en el momento de la partida, por eso es que los espíritus son tan alegres, porque ya le perdieron el miedo a la muerte, ya saben que hay vida después de ella, ya saben que pueden seguir respirando, moviéndose, oliendo, mirando, escuchando, saben que hay vida y eso les da una alegría eterna y el simple echo de saber que sus familiares van a ir para un lugar mucho mejor de donde se encuentran ahora, los hace eternamente mas felices, ¿espero que hayas entendido mi explicación Alain?*

En ese momento simplemente me sonreí y seguí profundamente dormido.

Que explicación mas sabia de una vieja que nunca había ido a Universal Estudios.

"No lloren mas por la muerte, porque ella
es solo el camino a una nueva vida"

¡Que DIOS me los bendiga a todos!

Zona de Reflexiones

Por Alain Pupo

"La muerte es el milagro divino de la vida y sin ella jamás viviríamos"

PARA CONSULTAS CON

ALAIN PUPO

LLAMA AL
(305) 343-5456

TAMBIEN
VISITA SU FACEBOOK
ALAIN PUPO
Y
DEJA UN MENSAJE PRIVADO.

Capitulo VIII

EL PEZCADO DE MI AMIGO

Esta es una historia muy conmovedora y de un alto contenido de enseñanza terrenal, ya que trata de un amigo mío muy especial, un ser muy querido por mi y mi familia, mas allá de un gran amigo esta persona fue como un ángel para mi y los míos.

Este bello ser cae presa de una terrible enfermedad y lo largo de su vida este amigo descuido mucho su sistema alimenticio, bebía mucho alcohol casi a diario y no se alimentaba correctamente, a pesar de que tenia un corazón de oro y era un hombre que ayudaba a todo el mundo, era muy descuidado para su persona.

Lentamente empieza a sufrir de una diabetes que le empieza a corroer el cuerpo, recuerdo que al escuchar el diagnostico que los médicos le daban a este amigo y al yo comentárselo a mi esposa que esta estudiando un PHD en medicina, me dijo que la diabetes era algo muy peligroso ya que era como una muerte silenciosa y el ejemplo mas claro que ella me podía poner era;

Coger un pedazo de carne cruda, una cubeta, echar agua con azúcar y poner el pedazo de carne allí por una semana y luego ver que pasa, se iba a podrir completamente, lógicamente la carne humana al estar viva pelea contra esa pudrición, contra ese deterioro, pero al final si no se hacen los tratamientos adecuados, la diabetes gana la pelea.

Este ser querido mío empieza a sufrir de esta cruel enfermedad y recuerdo que al medirse el azúcar en la sangre, siempre le salía sobre los 300 y si en alguna ocasión le bajaba de esa cifra, entonces el se sentía mal.

El trataba de controlársela con insulina pero seguía bebiendo, ya no tanto como antes, pero seguía, recuerdo que un buen día empezó a sufrir de unas molestias en el pecho y de repente también fue diagnosticado con un problema cardiaco.

Visitándolo una vez al llegar a su casa me lo encuentro un poco agitado y me dijo que tenia como una apretazón en el pecho, yo lo mire y le dije:

¿Voy a llamar a emergencias?

Y el con un movimiento en su cabeza me afirmo que si, ese fue el si mas grave que yo e recibido en mi vida, porque tratándose de una persona como el yo sabia que decirme que si para recibir una ayuda medica, era porque estaba mucho mas grave de lo que yo pensaba, en ese momento sin dudar llame al 911 y en aproximadamente diez minutos lo estaban recogiendo en la casa.

El Código A II

Lo llevaron al Jackson Memorial Hospital aquí en la ciudad de Miami donde recibió las primeras atenciones, lo ingresaron y lo pusieron en un cuarto donde compartía con otro enfermo.

Ahí lo fui a visitar en la noche, es decir unas horas después de que yo mismo le haya llamado al 911 y me informo que estaba bastante estable, ya el dolor se le había ido, que le habían hecho unos electrocardiogramas y que le habían visto una anomalía en su sistema cardiaco y que al otro día le iban a hacer varios exámenes entre ellos un Cateterismo para ver si algunas de sus arterias estaban tupidas y entonces determinarían el riesgo de la gravedad de su situación, ese día me fui muy tarde para mi casa.

Al llegar se lo comento a mi esposa y me dijo que debido a todo lo que esta persona fumaba y bebía lo mas seguro era que tuviéramos que recibir una muy mala noticia de los médicos a la mañana siguiente.

Efectivamente así fue, nunca se me

olvidará cuando entre en aquel pequeño cuarto del hospital Jackson Memorial, verlo acostado tapado con una sabana blanca y mirarme fijamente con aquellos ojos asustados pero que decían todo, y decirme con una vos muy cortada:

____*En una hora me llevan a operarme de corazón abierto, tengo muchas; creo que me dijo, venas tupidas y una de las válvulas completamente calcificada...*

Intente hablar con el medico que lo había atendido y no pude, ya se había ido, entonces me quedé con mi amigo hasta que vinieron a recogerlo, efectivamente una hora después tal como me había dicho el.

Se lo llevaron al salón de operaciones y yo me quede esperando en un pequeño salón donde se nos informo el medico pasaría después de la cirugía a ponernos al corriente de cómo había salido todo.

Unas horas después lo regresaron a la sala de cuidados intensivos, el medico

pregunto por un familiar de el y le informe
que yo era su mejor amigo, entonces el doctor
me informó que su corazón estaba en muy
mal estado, que tenia una de las válvulas
completamente destruida, que tenia también
mucho liquido en los pulmones, y que había
echo todo lo que estuvo en sus manos, que el
creía que la operación había sido un éxito y
que este amigo mío saldría bien de esta, pero
que a partir de ese momento tenia que
cuidarse mas que nunca, que jamás podría
volver a fumar ni beber, porque de hacerlo
sus días estarían contados.

Cuando mi amigo volvió en si y salió
de la anestesia recuerdo que me miro y me
dijo:

___¡*Estoy de vuelta!*

Yo le di un beso en la frente y le
comente;

*Algunas personas de tu familia están
afuera…*

Alain Pupo

Se quedo dormido y yo me fui a mi casa, así pasaron los días y poco a poco se fue recuperando, días después este amigo mío le dan de alta del hospital y se va a su casa, el dejo de fumar y de beber completamente, se alimentaba lo mejor que podía, dejo de trabajar y el gobierno de una forma u otra lo ayudó, también haciendo uno que otro trabajito por la izquierda ya que su oficio era muy bien pagado, iba saliendo adelante, el era carpintero, un día le empezó una molestia en el estomago y me llamo asustado, me comento que tenia cierta incomodidad y que al día siguiente iba a visitar al medico, le dije que me mantuviera al tanto.

Al día siguiente me llama y me dice que necesita hablar conmigo con urgencia, yo le dije que no había problemas que en cuanto saliera de la oficina pasaba a verlo y así mismo lo ice, cuando llegué a su casa el estaba sentado en un sofá recostado hacia atrás, me miró de la misma manera que me miro el día que me dio la noticia en el hospital cuando lo iban a operar de corazón abierto, recuerdo que cuando vi esa mirada me di cuenta de que su noticia no era muy buena, acto seguido me dijo:

__*Tengo cáncer…*

Nunca olvidare aquella palabra, me senté a su lado puse mi mano en su hombro y le dije:

Hay que luchar…

__*Yo se que si, pero es en el hígado…*

Yo no entendía bien, pero sabia que la palabra cáncer es muy grave, y suena que en el hígado es aun mas peligrosa, estuve con el y traté de confortarlo y de darle mi mensaje motivador, creo que lo aceptó con gratitud y entonces me retiré de su casa.

En cuanto vi a mi esposa y le comenté, ella me dijo que la posibilidad de que sobreviviera era mínima, que lo disfrutara que el no pasaría del año de vida, fue dura pero así la enseñaron, yo lo visitaba todas las semanas, nunca estuve mas de cinco días sin verlo, 100% seguro estoy de eso, veía que su estomago por el lado donde se encuentra el hígado se inflamaba rápidamente, cada semana se inflamaba mas y mas, una de las ultimas veces que converse con el, ya no se podía sentar normalmente en una silla, el tumor había crecido tanto que ya no lo dejaba estar cómodo, fue ingresado nuevamente en el Hospital Jackson Memorial y allí fui con mi esposa a visitarlo.

Estaba en una sala de cuidados intensivos y cuando entre en su cuarto el estaba despierto, le tenían puesta una bata blanca de esta que le ponen a los pacientes, la cual no lleva ninguna ropa debajo y se amarra por la espalda, esta bata estaba un poco desamarrada y cuando el se dio cuenta que yo había llegado con mi esposa enseguida me dijo en vos alta:

__*Amárrame, amárrame la bata que a mi no me gusta que me vean las nalgas…*

Nunca se me va a olvidar aquella frase, me dio tanta risa ver aquel hombre en una sala de terapia intensiva con un cáncer en el hígado donde todos le decían que de un momento a otro podía morir, todos lo decían menos el, recuerdo que en ese momento justo después que me dijo esa frase que me dio tanta risa llegó la comida, se sentó en la cama, mi esposa y yo corrimos la mesita justo al lado de la cama, lo ayudamos a sentarse y empezó a comer, me di cuenta que con el tenedor el pinchaba erróneamente los pedacitos de carne que le habían traído, si el pedacito de carne estaba en la izquierda el pinchaba por la derecha, estaba en blanco, creo que estaba como pescando no veía la carne, pero seguía con vida, seguía lucido y recuerdo que me dijo:

___¿Eso que hay ahí son galleticas?

Si

___Si puedes ábremelas que me las voy a comer

Se las abrí se las di:

Alain Pupo

___Que mala está esta comida…_

¿Si yo tuviese una varita mágica en la mano que quisieras comer?

___!Lo que mas deseo comer es un pescado al horno!_

¡No te preocupes amigo mañana lo tendrás!

Se sonrió y me dijo:

___¡Tu eres el mejor!_

Yo también me sonreí, se acostó y entonces mire a mi esposa:

¿Que crees?

___Le falta poco…_

recuerdo que me molesté un poco con ella, ese comentario de _(le falta poco)_ me altero y le respondí:

El Código A II

Como que le falta poco si este hombre se levantó de la cama camino por el cuarto, peleó porque tenia la bata abierta y no quería que se le vieran las nalga, ¡este hombre está activo!

Mi esposa me miró y me dijo;

—Te digo que le falta poco, yo soy medico y estoy viendo la maquina que el tiene conectada, sus órganos vitales cada vez están mas débiles…

En ese momento el me izo una seña con la mano para que me acercara a el, yo me levanté y fui hasta donde el estaba, me pidió que acercara mi cabeza a la de el pues me iba a decir algo al oído, lo ice y recuerdo que me dijo algo incoherente, nunca pude entender lo que me dijo, menciono un barrio de la habana Cuba, creo que de su niñez, el llevaba mas de veinte años en este país, toda una vida, pero fue algo como les mencione muy incoherente, le puse la mano en la cabeza, el se dio cuenta de lo que había dicho y haciendo un dulce gesto con su cara como de vergüenza cerro un ojo y sonrió, yo le pase la mano por la frente y le dije;

Tranquilo que eso le pasa a cualquiera...

Me senté junto a mi esposa y el se quedó dormido, entonces nos fuimos.

Al día siguiente me levanté temprano y me fui para mi oficina, le dije a mi asistente que solamente iba a atender la cita de una persona que venia desde muy lejos y me daba muchísima pena cancelar a alguien que había echo un viaje tan largo para venir a verme, incluso había tomado un avión; atendí a esa señora y me fui a la pescadería a comprar el pescado al horno que le había prometido a mi amigo, yo sabia perfectamente cual era el que a le gustaba y donde lo hacían, prepararon mi pescado perfectamente, me lo envolvieron bien, recuerdo que también ordené puré de papas, una ensalada de aguacates y un flan cubano como a el le gustaba, me monte en el carro y me dirigí hacia el hospital, cuando llegué el parqueo estaba bien lleno, me dio mucho trabajo encontrar un espacio vacío, finalmente después de quince o veinte minutos de espera, vi que se desocupó uno y pude estacionar mi coche, me bajé con mi bandeja y en el momento que voy atravesando el parqueo suena mi celular, pongo la bandeja sobre un latón de basura sellado que había allí, contesto el celular y era una enfermera del hospital para decirme que mi amigo acababa de fallecer, me quedé sin palabras, recuerdo que le dije;

¿Cómo, cuándo fue?

__Hace no mas de 10 minutos…

Estoy allí en un momento…

Subí con el pescado pero ya el no estaba, se había ido mi amigo, fui yo quien cerro sus ojos, yo fui quien lo tapó.

La enseñanza es la siguiente:

"Nunca dejen para mañana lo que puedan hacer hoy"

¿Por que no le llevé el pescado esa misma noche?

¡Que dios me los bendiga siempre!

Zona de Reflexiones

Por Alain Pupo

"Recuerda siempre que la vida esta en el presente, porque será en el donde permanecerás por siempre"

Capitulo IX

MI PERRITA Y EL JUGETE

Esta historia es muy significativa porque encierra en ella un alto contenido de enseñanza.

Es una historia corta pero que me dejó una enseñanza muy buena.

Recuerdo un día estar en la sala de mi casa y empezar a jugar con mi perrita Puchita, yo le tiraba un juguetico que era su predilecto, era un muñequito que cuando ella lo mordía hacia un pequeño sonido, yo le tiraba el muñequito y ella me lo traía y así yo se lo tiraba y ella me lo traía, recuerdo que esa tarde íbamos a salir, habíamos planificado ir a visitar a la hermana de mi esposa y a mis sobrinos, cuando detuve el juego con ella y la puse en su jaulita nos fuimos, pasamos un día maravilloso con la familia.

En la noche regresamos entramos a la casa y enseguida que le abrimos la puerta de la jaulita a nuestra perrita ella salió corriendo muy alegre y nos brincaba encima uno a uno, ya ustedes saben como son estas mascotas de cariñosas, enseguida agarro su juguetico y empezó a traérnoslo para que nosotros se lo tiráramos y ella ir a recocerlo, era el típico juego de todos los días para así decirlo de alguna manera, allí estuvimos unas dos horas, todos conversando en la sala de lo bien que lo habíamos pasado en casa de mi cuñada y ya llego la hora de irnos a dormir.

Cuando una de mis hijas le quita el juguetico a Puchita, lo pone en el piso y le da la orden de que entrase a su jaulita, Puchita entra en su jaula pero mi hija se le olvida cerrarla, es decir pasarle el pestillo y entonces Puchita empieza a ladrar mirando su juguetico, en su mente ella estaba encerrada en aquella jaula, pero solo en su mente, en la vida real ella estaba tan libre como cualquiera de nosotros, recuerden que la jaula no se había cerrado, ella miraba el juguetico y le ladraba, yo me quede a mediado de la escalera subiendo hacia mi cuarto mirando esa escena, la puerta de la jaula estaba cerrada pero el pestillo de la jaula nunca se había puesto, si este animalito hubiese tocado la puerta de la jaula esta se hubiese abierto enseguida, porque nunca estuvo cerrada y es lo que nos sucede muchas veces a nosotros, muchas veces sentimos que hay una puerta frente a nosotros y no nos atrevemos a empujarla porque simplemente ya damos por echo que alguien la cerro.

Mi enseñanza en esta corta historia es:

Cuando DIOS ponga la puerta frente a cada uno de ustedes, empújenla, porque hay una posibilidad inmensa de que no esté cerrada.

¡Que dios me los bendiga siempre!

Zona de Reflexiones

Por Alain Pupo

*"Cuando DIOS ponga la puerta frente a ti,
no pierdas el tiempo en buscar la llave,
porque la llave eres tu"*

Capitulo X

SI PUDIMOS

Esta historia marca la diferencia porque trata de la fuerza de voluntad que puede tener un ser humano, estaba yo llegando a mi apartamento en la playa un viernes después de salir de la oficina, cuando al entrar a mi apartamento me esperaba mi hija mayor Kathryn vestida con ropa atlética para pedirme que saliéramos a dar una vuelta por la playa, me gusto mucho ese pedido puesto que yo llevaba mucho tiempo tratando de convencerla de que empezara a hacer ejercicios para que perdiese un poco de peso, porque ya para esa fecha estaba un poco gordita, hacia dos días atrás yo le había dicho que también quería perder peso, que quería empezar a hacer ejercicios pero que me gustaría que fuese con ella, para de esa manera no perder ese primer impulso.

Me vestí rápidamente con mi ropa deportiva, tomamos el ascensor y bajamos, fuimos a la parte trasera del edificio y salimos a la arena, empezamos a caminar y cuando llevábamos aproximadamente 150 o 200 pies caminados mi hija me dice:

___¿*Papi porque no jugamos a algo?*

¿A que quieres jugar?

___*Juguemos a ver quien tiene mejor memoria…*

ok ¿de que se trata?

___*Quiero que me digas tres cosas, tres cosas que tu recuerdes de mi cuando era una bebé…*

Eso es muy fácil mi niña, la primera cosa que recuerdo es una ves que mami me dejó a tu

*cuidado y me había dado las instrucciones
que yo debería hacer cuando tu terminaras
de tomar la leche, tenia que darte unos
golpecitos en la espalda para sacarte los
gases y después ponerte en la cama siempre
boca abajo, así lo ice y al poco rato de
haberte dejado en la cama, yo estaba cien
por ciento seguro que te había dejado bien
dormidita, me encontraba mirando el
televisor, teníamos uno de estos equipos
tecnológicos que permiten que los padres
puedan estar atentos a través de sonidos y
videos de sus hijos, en el caso mío en aquel
momento el aparatico era solo de audio, de
repente empiezo a sentir un ruido extraño, me
dirijo hacia tu cuarto, estabas sentadita en tú
cuna y todo alrededor tuyo incluyendo tu
cara pintada de un color carmelita, el olor
era terrible te habías echo caca, te habías
quitado el Pañal y lo habías restregado por
toda la cuna, la pared y también arriba de
ti…*

__Hay papi que asco… me dijo

si verdaderamente fue un asco pero tuve que

agarrar por los pelos y bañarte, creo que fue la primera ves que te di lo que se llama un buen baño de padre, porque te bañe con la mangueru del patio.

La segunda cosa que recuerdo de ti, otro día que mami me había dejado a tu cuidado, ya estabas un poco mas grande y te fuiste gateando para la sala, yo me entretuve creo que fueron diez segundos y cuando te vine a ver estabas dentro de la jaula de nuestro en aquel entonces amado perro de nombre Mimo, estabas dentro de la jaula comiéndote la comida del perro...

___!Papi!

La tercera cosa que recuerdo de ti es un día que te voy a recoger en el carro, a casa de la persona que te cuidaba, te siento en el asiento de atrás en uno de esos asienticos para niños que se ponen en los autos y allí empezábamos a jugar, yo te miraba por el retrovisor y tu me mirabas a mi y así teníamos una conexión directa, yo te cantaba una canción que decía así:

" *Chichi no me quiere mucho a mi*" y tu me respondías, "*Chichi si te quiere mucho a yuu*", *eso nunca se me va a olvidar. Bueno pero dejemos ya de hablar de mi, ya te dije mis tres cosas, ahora ¿dime tu que tu recuerdas de tu padre cuando eras una bebe?*

Nunca se me olvidará la respuesta de mi hija mirándome fijamente a los ojos y con una cara muy inocente me dijo:

__*Papi de verdad no se, es que yo tengo tan mala memoria, que solo recuerdo tus besos…*

Me quede sin palabras, que tonto fui, no supe que decir, mi hija recordó lo que verdaderamente tenia valor, lo mas importante, la abracé, le di un beso y seguimos caminando.

Minutos después comenzamos a hablar del ejercicio, de la necesidad de que los dos pusiéramos de nuestra parte y bajáramos de peso, especialmente ella que era tan jovencita, que deberíamos hacerlo diariamente a lo que mi hija de una manera yo diría como para quedar bien conmigo, ponía un gesto positivo en su rostro, de esa manera conversando llegamos a la casa, recuerdo que yo subí y automáticamente ya yo tenia lista la cafetera para hacer este café muy famoso Cubano denominado como expreso, enciendo la cafetera me quito aquella ropa sudada, me pongo un short una camiseta fresca y me siento a tomarme mi café que ya estaba listo, agarro mi cajetilla de cigarro y me siento en el balcón, prendo el cigarro y cuando estoy a medio cigarrillo sale mi hija con su ropita lavada, para ponerla en el balcón a que se secara con el sol y el viento y recuerdo cuando me vio fumando el comentario que ella me izo:

Papi, sabes que para mi a sido y es tan difícil bajar de peso como ha sido y es para ti dejar de fumar…

Recuerdo que ese comentario lleno de razón, entró a mi cuerpo y a mi alma, pero despertó mi valor sobre todo ese inmenso amor que le tengo a mis hijas, agarre la

cajetilla de cigarro, también mi cigarrillo a
medio fumar y de un solo tirón los arroje los
dos por el balcón, de la misma forma mire a
mi hija y le dije;

*De la misma manera que te fijaste en lo
difícil que ha sido para mi el dejar de fumar,
espero te fijes y veas como lo voy a lograr,
hoy fue mi ultimo cigarro y hoy va a ser tu
ultimo día sin luchar...*

Diez años después sigo sin fumar, diez
años después mi hija es una bella joven
delgada y orgullosa de su padre, pero aun mas
orgullosa de ella misma, el amor en conjunto,
el amor en familia, el amor de los padres
hacia los hijos, el amor de los hijos hacia los
padres, el apoyo familiar, es de una gran
ayuda, la unión familiar hace que uno pueda
vencer cualquier batalla, sean felices y
trabajen juntos.

¡Que dios me los bendiga siempre!

Zona de Reflexiones

Por Alain Pupo

"Decir que no puedes lograr algo sin haberlo intentado, es engañar al que sin dudar sabe que lo lograras"

PARA CONSULTAS CON

ALAIN PUPO

LLAMA AL
(305) 343-5456

TAMBIEN
VISITA SU FACEBOOK
ALAIN PUPO
Y
DEJA UN MENSAJE PRIVADO.

Capitulo XI

EL REGALO DE NAVIDAD

Esta historia es sorprendentemente bella, acercándose la fecha de la navidad, "todos" y me tomo el atrevimiento de hablar en sentido general, "todos" los que vivimos en los Estados Unidos de América, empezamos con un ajetreo, un sofocamiento para lograr comprar regalos para la navidad que satisfagan a nuestros seres queridos; recuerdo esa navidad en particular estar un poco atareado con tanto trabajo, programas de radio, entrevistas en la televisión, escribiendo libros, atendiendo a personas en mi oficina y así todo debería hacer un tiempo para los regalos de navidad, principalmente los de mi esposa e hijas, recuerdo salir de mi oficina como un loco y manejar hasta un centro comercial, no sabia que comprar, no soy muy ducho en ese aspecto, aun teniendo el dinero suficiente para comprar lo que quisiera se me hacia imposible encontrar algo que yo pensara les fuese a gustar o se fuesen a sentir verdaderamente contentas, hasta ese momento había buscado y nada había encontrado, caminando por la tienda suena mi teléfono y era un numero extraño como de larga distancia, en ese momento no supe quien era pero mi corazón me decía que respondiera la llamada, fue echa a mi teléfono privado y por eso deduje que era alguien que verdaderamente me conocía, efectivamente para mi sorpresa era mi madre que me llamaba desde Cuba, pero por alguna razón mi teléfono en la pantalla había salido otro numero diferente a como yo tenia guardado el de ella, nunca olvidaré la vos de mi madre era extremadamente feliz, radiante, alegre, mi madre me transmitía en aquella vos que había logrado un gran sueño, me dijo:

— *¡Hola Alain! ¿como estas mijo?*

El Código A II

¡Bien vieja y tu!___ le respondí;

¡Que alegría me da sentirte tan alegre!

___Hay mijo si, que alegría tengo, si supieras lo que hice…

¿Que hiciste madre?

___Mijo con el dinero que tu y tu hermana me mandan aproveche y me hice un gran regalo para la navidad, para la noche buena…

Wow vieja que alegría me da que hallas pensado en ti y te hayas echo un regalo, pero cuénteme, ¿que te regalaste?

___Hay Alain pase un trabajo pero lo logre, fíjate, me fui a ver todas las fotos que ustedes me han mandado de la familia, de mis nietos, de ti y de tu hermana y elegí las mas bonitas de todas aquellas fotos y mande a hacer un llavero con la cara de cada uno de ustedes, la de mis dos hijos y las de mis cinco nietos, fue un poco caro pero valió la pena, *me costo como $6.00 dólares; ¡pero fue el regalo mas lindo que yo me e hecho en mi vida!*

Quede sin palabras, una ves mas me sucedió lo mismo que en la historia de mi hija Katherine cuando me decía que ella solo recordaba mis besos, mi madre me demostró el verdadero significado de un regalo de navidad, me demostró sin querer que;

"Cuando uno cree que lo tiene todo es cuando mas falta te hace algo",

"Un llavero con la cara de sus cinco seres mas querido".

La humildad de mi madre en esta historia fue magistral y de una gran enseñanza, porque desde ese día cada miembro de mi familia tiene en navidad, un llavero con las caras de sus seres queridos.

Amigos el verdadero valor de las cosas no está en el precio, el verdadero valor de las cosas no esta en el glamour o la ostentación, el verdadero valor de las cosas esta en el amor, como decía mi abuela:

"Las cosas que de verdad tienen un gran valor Alain, no se pueden pagar con dinero"

¡Que dios me los bendiga siempre!

Zona de Reflexiones

Por Alain Pupo

*"El que piense que el dinero lo ara feliz,
morirá muy triste"*

En este momento respira
profundamente y deja que DIOS visite
tu corazón.

Capitol XII

EL VALOR DE LAS COSAS

Esta historia se desarrolla en una bella mañana de viernes en la cual me encontraba en mi casa listo para salir a trabajar, estaba saliendo por la puerta cuando mi esposa me comenta la idea, que si me gustaría al terminar de trabajar, ella y las niñas estuvieran listas para irnos a pasar el fin de semana a Orlando Fl, al parque de diversiones Universal Estudios del cual contábamos con un pase anual; mi decisión enseguida fue que si, puesto que yo me relajo mucho en esos parques y aun mas viendo a mis hijas pasarla de lo mas bien entre tantos aparatos y juegos, ese viernes termine un poco mas temprano, recuerdo que había un sol radiante y un clima espectacular, pase por la casa y ya mi esposa estaba lista, tenia todo preparado en el carro para salir, solo faltaba yo, me di un baño rápidamente y me cambié de ropa, me monté en el carro y nos fuimos rumbo a Orlando.

En el camino pensamos que como mi suegra que vive allí en Orlando fl y se encontraba muy sola, pues ella había enviudado y no tenia pareja, acordamos pasar a recogerla, verdaderamente nos íbamos a quedar en el apartamento de ella y lo que planificamos fue al otro día o sea el día de irnos al parque, llevarnos a mi suegra y así lo hicimos, por fin llego el sábado en la mañana, nos montamos todos muy contentos en el carro y fuimos a desayunar, de ahí nos fuimos para el parque, entramos y la estábamos pasando súper bien todos juntos entre gritos y risas y a eso de las 2:00 de la tarde ya el grupo empieza a sentir hambre, entonces decidimos ir a un restaurante que esta ubicado justo en el mismo medio del parque, es un tipo de bar restaurante donde si tienes suerte de sentarte en una de las mesas de afuera que están bajo techo de seguro la pasaras muy bien ya que es un lugar así como empedrado como si estuvieras en el interior de una cueva, es muy bonito y lo digo de verdad y también muy divertido pues ves a la gente pasar y a lo lejos puedes ver las montañas rusas, a la gente gritando, a los niños corriendo de un lado al otro, todos con ropas significativas de su película favorita y efectivamente para suerte de nosotros, cuando llegamos ocupamos una de estas mesas de afuera, nos sentamos y enseguida llega la mesera, me pregunta que si queríamos beber algo a lo que mi respuesta sin dudar fue, que nos trajera tres cervezas, las niñas pidieron jugos, aguas, refrescos recuerdo que unos minutos después llega la mesera con todo el pedido y entonces nos trae también el menú, enseguida mi suegra se da de cuenta que eran las 2:15pm y que justo a las 3:00pm empezaba el Happy Hours del lugar, donde la cerveza costaría a mitad de precio, mi suegra me lo comenta y mis dice que en esos momentos la cerveza costaba $8.00 dólares, pero que en el Happy Hours (Hora feliz) costaría $4.00, yo miro el reloj, eran como las 2:15pm o las 2:20pm, entonces le hago una seña a la mesera para que me traiga otra ronda de cervezas, cuando mi suegra me ve hacerle la seña a la mesera, me hace un comentario que nunca olvidaré:

__Alain mijo si quieres podemos esperar a que sean las 3:00pm para que no tengas que pagar la cerveza tan cara, porque de verdad $8.00 por una cerveza es demasiado, estas perdiendo mucho dinero, esa cerveza está muy cara

Recuerdo que la miré y le dije:

Suegra es cierto que la cerveza esta un poco cara, porque $8.00 dólares por una cerveza es casi lo que cuesta una caja de seis cervezas en el supermercado, tienes la razón la cerveza está muy cara, pero créeme que yo en este momento pagándola a $8.00 dólares me estoy ahorrando muchísimo dinero…

Ella me miro, aparentemente no entendió lo que yo le decía y entonces automáticamente asombrada me pregunto;

__¿Como que te estas ahorrando dinero Alain, no lo entiendo?…

es muy fácil suegra y quiero que entiendas esto que te voy a decir, en este momento estoy pagando la cerveza a $8.00 dólares y te comento que me estoy ahorrando dinero, porque ¿cuanto crees tu que yo pagaría sin el mas mínimo temor por tomarme una cerveza con mi abuelo que ya no se encuentra entre nosotros?

Recuerdo que ella puso una cara muy triste…

te aseguro que si DIOS me regalara un minuto, no en espíritu, en materia, si DIOS me regalara un minuto con el, o que simplemente me regalara el tiempo que dura tomarse una cerveza y que mi abuelo se la tomara conmigo, yo pagaría por esa cerveza para ponerte un numero terrenal, porque ese momento de verdad no tiene valor alguno, pero yo pagaría sin duda $10.000 dólares por cada cerveza, te das cuenta cuanto me estoy ahorrando, $9992.00 dólares por cada cerveza…

Entonces ella con sus ojos llenos de

lagrimas me respondió…

__ Tengo que reconocer que hablas muy bonito mijo y aun mas que siempre tienes la razón, disfruta tu cerveza.

Amigos ya lo e dicho muchas veces y esta ves les aseguro que no va a ser la ultima, no le pongan mas precio a las cosas que no tienen ningún valor, porque el verdadero valor no tiene precio.

¡Que dios me los bendiga siempre!.

Zona de Reflexiones

Por Alain Pupo

*"Disfruta lo que tienes cuando lo tengas,
porque cuando lo quieras, puede ser que ya
no lo tengas"*

PARA CONSULTAS CON

ALAIN PUPO

LLAMA AL
(305) 343-5456

TAMBIEN
VISITA SU FACEBOOK
ALAIN PUPO
Y
DEJA UN MENSAJE PRIVADO.

CAPITULO XIII

ENTREVISTA A UN JOVEN Y A UN VIEJO

Periodista pregunta #1:

¿Si reencarnaran en un hombre famoso, en cual les gustaría reencarnar?

JOVEN: En William Levy.

VIEJO: En mi abuelo.

Periodista pregunta #2:

¿Cuándo compiten en que piensan?

JOVEN: En ganar.

VIEJO: En nada yo no compito.

Periodista pregunta #3:

¿Si DIOS les concediera dinero o inteligencia, cual elegirían?

JOVEN: Inteligencia sin dudar.

VIEJO: Sin duda el dinero.

Periodista ¿Por que?

JOVEN: Porque la inteligencia te hace ganar dinero.

VIEJO: Porque el dinero hace que los inteligentes trabajen para ti.

¡Que DIOS los bendiga siempre!

Capitulo XIV

LOS ZAPATOS DE MI HIJA

Empiezo a prepararme para el lanzamiento de mi libro titulado "El espíritu del viejo Valeriano" en la librería Book & Books de la ciudad de Coral Gables en el estado de la Florida, donde podrán encontrar este maravilloso libro.

Estando ya preparando los detalles para esta presentación acordamos que la fecha seria un viernes finalizando la tarde, porque ese día me trae buena suerte, es un día muy inspirador para mi, como también lo es vestirme de negro y rojo.

Llamamos a varias personalidades del

medio para que me presentaran esa noche en la librería y todos estuvieron de acuerdo, estaban muy felices y les dije que yo pronto les dejaría saber si scrian ellos los que me presentaran, pero que de todas formas sean o no sean ellos estaban cordialmente invitados al lanzamiento del "El espíritu del viejo Valeriano", donde todos tendrían su sección separada para que al final se pudieran tirar fotos con el publico y pudieran hacer lo que mas les gusta a las personas de la televisión que es mostrarse.

Ese día mi hija mayor Kathryn me ve en los preparativos hablando con mi esposa sobre mas o menos como iba yo a enfocarme esa noche, entonces se sienta a mi lado y me dice:

_¡*Papi, quiero ser yo la que te presente esa noche!*

Me sorprendí y emocione muchísimo, la mire y le dije:

¿Estas segura mi amor?

¡Claro Papi!

Entonces dalo por hecho serás tu quien me presente…

¿Y que vas a hacer tu con aquellos artistas figuras del medio que ya les habías hablado?

No voy a hacer nada, yo nunca les dije que serian ellos, los invite y les dije que si los necesitaba se los pediría, pero Kathryn recuerda que yo siempre confió mucho mas en lo que me pone DIOS, que en lo que encuentro yo, de verdad estoy muy sorprendido porque no espere que tu me pidieras eso mi niña, te doy las gracias y créeme que nunca pensé estar tan bien presentado…

Ella se sonrío, las personas que la conocen saben que es bien cariñosa, demuestra el amor que siente de una manera muy autentica y natural y de pronto me dice:

El Código A II

___¡Papi, tenemos que ir a la tienda, me tienes que comprar un vestido muy lindo para esa noche!

Ahí me sonreí y le dije:

Me puedes presentar en un jeans en un pullovers o así como estas ahora con el uniforme de la escuela, lo que verdaderamente importa es el haber querido presentar a tu padre

se sonrió y me dijo;

___Si papi eso está bien, pero me vas a comprar mi vestido y mis zapatos…

Me reí y le dije:

Como tu quieras mi niña, estarás vestida como tu quieras

Pasaron unos días y mi esposa me estaba comentando lo contenta que estaba de que nuestra hija Kathryn haya decidido ser ella misma la que me presentara, le dije que yo estaba muy emocionado con eso pues sabia que ella era bien penosa y al mismo tiempo me emocionaba muchísimo que mi propia hija haya decidido por ella misma presentarse en esa aventura de pararse frente a tantas personas y estar un minuto hablando, yo se como se sienten los nervios y mas para alguien que no está adaptado a eso, pero una cosa es no estar adaptado y otra cosa es estar decidido y mi hija estaba decidida a hacerlo.

Unos días después sorprendo a mi hija pasándola a recoger mas temprano de la escuela, de hecho a ella le encanta que yo la recoja temprano, no se si es por la alegría de pasar un rato con su padre o porque se va a escapar un rato de la escuela, jajajaja, recuerdo cuando me ve me grita emocionada:

—¡Papi, que alegría! ¿vamos a almorzar?

¡Si mi hija seguro!

¿Papi y eso que me viniste a buscar hoy?

Es que te voy a llevar a la tienda, quiero que te compres el dichoso vestido para la presentación, quiero que estés bonita como tu quieres

¿Y no me digas que de la manera que me vas a presentar allí, también me vas a presentar un novio?

Ella se empieza a reír y me dice"

__No papi como va a ser…

Estábamos en la tienda cuando ella se probaba y se probaba ropa y se volvía a probar varios vestidos y no le gustaban ningunos, no le quedaban como ella quería, para mi se veía bella con todos, pero con el mayor respeto que complicadas son las mujeres desde niñas ya para vestirse, esa es una gran verdad, seguimos prueba que te prueba vestidos, ya habían pasado aproximadamente dos horas cuando en la tienda donde estábamos no aparecería nada, entonces me dijo;

Alain Pupo

—Papi vamos a distraernos y vamos a ir para los zapatos y esperemos un poco hasta llegar a otra tienda donde yo se que si voy a encontrar el vestido...

¿Como lo sabes, como estas tan segura?

— Porque esa tienda si tiene una variedad muy amplia

¿Por que no fuimos desde un principio a esa tienda?

— Porque esta era muy bonita y aquí también lo podía haber encontrado...

Mi hija y yo salimos hacia la nueva tienda que ella me había dicho cuando de repente, caminando entre vitrinas y cristales de pronto veo un vestido negro despampanante, bello, hermoso, uno que a mi que no tengo mucha, ¿como diría esto? que no tengo un buen ojo para saber, para inclinarme hacia mirar vestidos, me llamó la atención y de pronto mi hija me grita:

El Código A II

___!Ese es papi, ese es!

Entramos a la tienda…

pedimos su talla, ella entro al probador, se lo probo y cuando salió con aquel vestido puesto, era una princesa, créanme que lo era:

Hija te diste cuenta que una ves mas la teoría de tu padre se hace real,

___ ¿*Por que lo dices papi?*

Porque no encontramos el vestido que buscamos, el vestido fue quien nos encontró a nosotros, debemos siempre tener la fe de que si DIOS es quien nos lo pone en nuestro camino, va a ser siempre lo mejor, como acaba de ocurrir ahora…

Se sonrió y salimos con su vestido envuelto de la tienda.

Ahora en busca de los zapatos llegamos a la tienda y aquí donde crees que va a ser mas difícil, se nos hiso mas fácil la cosa, enseguida encontró los zapatos que le gustaban, eran muy altos y le dije;

¿Estas segura que quieres esos zapatos tan altos?

__!Si papi esos zapatos altos me van a ser ver muy elegantes, me van a ser ver muy bonita!

¡Pero si ya tu eres bonita mi amor!

__Papi ustedes los hombres no entienden eso, este zapato es el que pega con el traje y es el que me va a ser lucir muy bien...

¡Pues esta bien mi niña no te preocupes, cómprese los zapatos!

Se compro los zapatos, se los puso y me dijo:

__Voy a caminar el centro comercial con ellos papi, te voy a acompañar a todos

los lugares donde tengas que ir hoy, con ellos puestos

¿Hija estas segura, vamos a caminar el Centro Comercial, recuerda que tengo que comprar mi camisa?

__!Si papi!

Se puso aquellos zapatos y guardo los tenis con los que había ido a la escuela en la bolsa de los zapatos y nos fuimos a caminar las tiendas en busca de mi camisa, mi hija iba caminando de una manera extrañísima, recuerdo haberme reído y haberle dicho:

Kathryn pareces no se te ves extraña hija, estas caminando de una manera muy rara

me miro con una cara un poco adolorida así como están las mujeres cuando están pujando para parir y el hombre inocente al lado le dice esta pregunta que no se debe decir jamás en ese momento:

Alain Pupo

¿Te duele?

Con esa cara mi hija me miró como diciendo estoy caminando así; ***Porque el dolor que tengo me esta quemando los pies***, pero siguió con los zapatos puestos, llegamos a la tienda donde yo me iba a comprar mi camisa, empiezo a buscar mi talla y mi hija se sienta a esperar en un asientico muy cómodo que había en esta tienda, la muchacha que me atendía le trae un poco de agua, unas galleticas, y ella se miraba los pies, los movía de un lado a otro, como haciendo un poco de ejercicio con los zapaticos puestos; encuentro mi camisa, salimos caminando y le dije:

¿Falta mucho para llegar al carro, de verdad vas a seguir con esos zapatos puestos y caminando de esa manera tan rara, la gente te esta mirando?

__Papi, si yo hoy me quito estos zapatos, el miedo a volvérmelos a poner se va a quedar conmigo, pero si hoy le doy la pelea a ese miedo, a ese dolor, si hoy lo domino y sigo con ellos puestos hasta aprender a *caminar , entonces con ellos puestos podre andar el mundo, no se te olvide que yo soy tu hija…*

La abrece, créanme que soy también muy sentimental, le di un beso y le dije:

Hija te prometo que con esta historia, con esta enseñanza que me acabas de dar, voy a cerrar mi libro, "El código A II", esta será la ultima historia de este libro, porque me enseñaste que:

"Si te enfrentas al dolor, si te enfrentas al miedo, terminaras por vencerlos y ellos se adaptaran a tu paso y tu lo vencerás con tus pisadas"

Amigos la enseñanza de esta historia es la siguiente; no se doblequen nunca, jamás permitan que el dolor, la incomodidad los saque del camino que DIOS ha diseñado para ustedes, porque créanme;

"Cuando los sueños que ustedes tengan en su corazón dejen de sentir miedo,

entonces lo lograran"

¡Que dios me los bendiga siempre!

Zona de Reflexiones

Por Alain Pupo

"El miedo es muy normal, lo anormal es no enfrentarlo"

PARA CONSULTAS CON

ALAIN PUPO

LLAMA AL
(305) 343-5456

TAMBIEN
VISITA SU FACEBOOK
ALAIN PUPO
Y
DEJA UN MENSAJE PRIVADO.

El Código A II

"*Este libro se lo quiero dedicar a mis abuelos maternos:*

M y S

Por todo el amor que me dieron en la vida, por darme de comer cuando tenia hambre, por darme el dinero para mi primera visita al cine, por cada Miercoles que me visitaban en la casa, por apoyar con todas sus fuerzas a mi madre cuando esta se quedo solo con sus dos hijos y su suegra.

Quiero que sepan que siempre los tengo en mi corazón y aunque no los menciono mucho en publico es por el dolor que me causa no tenerlos fisicamente conmigo.

Los amo con todas las fuerzas de mi corazón y gracias por ser todo para mi.

Un beso grande y disfruten el cielo hasta que yo llegue a pedirles algo como siempre.

Alain Pupo

"Para el mundo seremos algo,
para DIOS somos el mundo"

Encuentra mis libros:

Alain El Clarividente

El Código A

El Espíritu del Viejo Valeriano

Frases del Espíritu

El Promesario del Alma

El Código A II

Fabulas del Camino

En:

(305) 343-5456
www.amazon.com
www.barnesandnoble.com
www.booksandbooks.com

Alain Pupo

Unlimited Used Auto Parts

(305) 681-1787

13125 Cairo Ln
Opa Loca, Fl 33054
Estados Unidos

Tenemos los mejores precios y la mas alta calidad en todas nuestras piezas.

Tu mejor Auto Parts

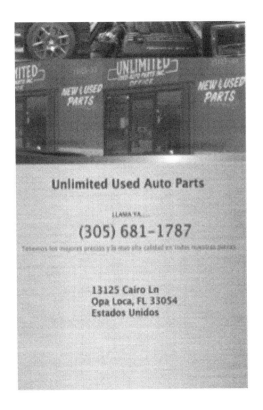

Siempre a tu favor

(305) 681-1787

PARA CONSULTAS CON

ALAIN PUPO

LLAMA AL
(305) 343-5456

TAMBIEN
VISITA SU FACEBOOK

ALAIN PUPO
Y
DEJA UN MENSAJE PRIVADO

Q
U
E

DIOS

M
E

LOS BENDIGA

A

T
O
D
O
S

Alain Pupo

El Código A II

Made in the USA
Charleston, SC
09 July 2016